연구윤리와
IRB의 이해

Institutional Review Board

|조성연 저|

학지사

머리말

연구윤리를 알게 된 것은 2005년 영국 에든버러대학교(University of Edinburgh)에 객원교수로 가게 되어 그 해 영국심리학회(British Psychological Association)에서 논문을 발표하면서부터라고 기억된다. 당시 나는 소논문을 한 편 발표하고 난 후 학회장을 둘러보던 중 다소 생소했던 'Research Ethics'라고 쓰여 있는 방으로 들어갔다. 발표자는 두 명이었는데, 발표를 듣기 위해 앉아 있는 사람은 나 외에 거의 없었다. 두 발표자는 나에게 이런저런 것들을 질문하였고 우리나라의 연구윤리 상황에 대해서도 물었다. 그때 나는 연구윤리가 중요하고 필요한 줄은 알았지만, 그 내용이 무엇인지에 대해서는 잘 몰랐다. 더욱이 생명윤리와 관련된 기관생명윤리위원회(IRB)에 대해 물었을 때는 정말 뭐라고 답할 수도 없었고 그저 모른다는 말만 되풀이했던 것 같다. 이후 발표자들이 준 자료를 읽으면서 연구윤리에 대해 더 많은 것을 알게 되었고, 귀국 후 학회 편집위원장을 맡게 되면서 연구윤리에 대해 더 많은 관심을 기울이게 되었다. 하지만 IRB에 대해서는 여전히 관심을 두지 않았다.

그러던 중 2012년 「생명윤리 및 안전에 관한 법률」이 전면개정되어 인간을 대상으로 하는 모든 연구는 심의를 받아야 한다는 내용을 알리기 위해 전국 순회 교육을 다니던 보건복지부 사무관의 강의를 듣게 되면서부터 IRB에 대해 관심을 갖게 되었다. 강의 중 인간을 대상으로 연구하는 연구자는 앞으로 대학에 설치될 IRB에 연구계획서를 제출하여 심의를 받아야 한다는 말에 사립대학교인 우리 대학에 과연 IRB가 설치될 수 있을까 생각했다. 그런데 얼마 지나지 않아 나는 국가 수준의 IRB 표준운영지침을 만드는 회의에 참석해 달라는 모 교수님의 연락을 받고 그 회의에 참석하게 되면서 나는 IRB에 발을 들이게 되었다. 이후 우리 대학교에 IRB가 설치되면서 초대 위원장을 맡게 되었다. 이런 이유로 대학에서의 IRB의 설치 필요성에 대해 관심이 많았던 교수들이 모여 2013년 한국대학기관생명윤리위원회협회(The Korean Society for Institutional Review Board: KSIRB)를 만드는 데도 참여하게 되었다. 그때부터 지금까지 인간대상연구의 IRB와 관련한 여러 가지 일을 하고 있다.

돌이켜 생각해 보면 참 우연한 기회에 연구윤리와 IRB를 알게 되었고, 그와 관련된 일을 해 온 것 같다. 연구윤리와 IRB가 내 인생에서 이렇게 중요한 한 획을 긋게 될 줄 누가 알았겠는가! 우리 대학교에 IRB를 설치할 때는 그것의 중요성을 일찍 인지했던 우리 대학교 직원 선생님이 없었다면 아마도 나는 IRB와 인연이 먼 사람이었을지도 모른다. 우리 대학교의 초대 IRB 위원장을 4년 넘게 맡게 되면서 좀 더 열심히 IRB에 대해 알아 가려고 노력했던 것 같다. 동시에 연구윤리에 대한 부분도 함께 고려해야 하다 보니 이 부분에 대해서도 관련 분야의 전문가들을 자주 접하면서 좀 더 많은 시간을 공부하고 강의하면서 남들보다 조금 일찍 연구윤리와 IRB에 대한 이해도를 높일 수 있었다. 좋은 분들과 함께 연구윤리와 IRB에 대해 공부할 수 있어서 감사할 뿐이다.

2005년에 우연한 기회로 연구윤리를 알게 되었고, 2013년 또 우연히 IRB를 접하게 되면서 연구윤리에서 20년, IRB에서 10년을 넘는 시간 동안 남들보다 조금 일찍 이 분야에 대해 공부했다. 특히 대학생과 대학원생, 연구자들을 대상으로 수차례 관련 특강을 하면서 늘 나 자신이 올바른 연구자인지에 대해 생각해 보면 솔직히 지금도 자신이 없다. 털어서 먼지 안 나는 사람 없다고 하는데 나도 예외는 아닐 것이다. 하지만 우리나라의 대학생과 대학원생이 연구윤리와 IRB를 좀 더 쉽고 편안하게 이해할 수 있었으면 하는 바람으로 오래전부터 포켓북 형식의 책을 출간하려고 했다. 그러나 이런저런 일들과 게으름으로 미루고 있었는데 오랜 지인인 학지사 김진환 사장님께서 흔쾌히 출판하자고 말씀해 주심에 이 책을 세상에 내놓고자 한다. 주변에 연구윤리와 IRB에 대한 전문가가 많은데도 이 책을 출판하는 것은 정년이 얼마 남지 않은 상황에서 많이 부족하지만 대학생과 대학원생이 연구윤리와 IRB를 이해하는 데 조금이라도 도움이 될 수 있기를 바라는 마음이 간절하기 때문이라고 이해해 주길 바란다. 부족하고 미흡한 부분은 이 분야의 전문가들과 후학들이 발전시켜 주기를 바란다. 이 책이 출판되기까지 애써 주신 학지사의 김진환 사장님과 편집부 직원분께 진심으로 감사한 마음을 전한다.

2024년 12월

조성연

CONTENTS

제1부

연구윤리

제1장

연구윤리의 이해

1. 연구부정행위의 발생 이유
2. 연구윤리의 스펙트럼

우리나라는 2024년 스위스 국제경영개발대학원(IMD)이 발표한 '국가 경쟁력 평가' 결과에서 평가대상 67개국 중 20위에 올랐다. 인프라 분야도 11위로 2023년의 16위에 비해 5계단 상승하였다. 이 중 과학인프라는 1위, 기술인프라는 16위, 교육인프라는 19위 등으로 매우 높은 수준이다. 교육인프라 중 대학교육지수는 22위에서 12위로 순위가 크게 상승했다(기획재정부 보도 참고 자료, 2024. 6. 18.). 이처럼 높은 수준의 국가 경쟁력을 지니고 있음에도 연구윤리와 관련한 문제는 이 사회에서 끊임없이 발생하고 있다.

연구란 지식을 일반화시킬 수 있도록 설계된 체계적인 조사(systematic investigation)이고(U. S. Department of Health and Human Services), 윤리 (倫理)란 인간의 생활을 제약하는 최소한의 추상적 규범이며(네이버국어 사전), 올바른 사회생활을 하기 위하여 따라야 하는 행동의 규범이다(연세한국어전자사전). 그러므로 연구윤리는 연구의 계획, 수행, 보고 등과 같은 연구의 전 과정에서 책임 있는 태도로 바람직한 연구를 추진하기 위해 연구를 자신의 삶의 기반으로 인식하고 있는 연구자로서 바르게 연구하고 이를 향유하기 위하여 마땅히 지켜 실천해야 할 윤리적 원칙이 며 가치나 규범이다(이효빈, 조진호, 엄창섭 외, 2019, p. 10; 한국연구재단, 2011, p. 12). 이는 연구 시작부터 마칠 때까지 안내해 주는 도덕적 기준 이나 원칙이다. 따라서 학문의 기본 속성인 진리탐구의 추구는 연구의 자유와 연구자의 무한한 창의력을 필요로 하고, 이 과정에서 연구의 진 실성(research integrity), 연구의 도덕성, 연구자의 자기규제가 중요한 요 소가 된다(박영배, p. 3).

연구진실성이란 연구수행 및 결과 도출에 있어 부주의나 잘못된 지식 등으로 인한 비의도적인 오류나 위조, 변조, 표절 등 의도적인 연구부정행 위가 개입되지 않고 객관성과 진실성을 확보하는 것이다. 이는 더 넓게 파악하면 차후에 연구진실성을 증명할 수 있도록 연구과정에서 발견하거 나 도출한 각종 아이디어, 연구방법, 데이터 및 현상들에 대해 정확하고 자세히 기록하고 이를 일정 기간 충실히 보관하는 것까지를 포함한다(윤 철희, 2023). 우리나라의 연구윤리는「학술진흥법」제15조 제1항에 올바 른 연구윤리 확보를 위해 연구자와 대학 등은 연구부정행위를 하지 않을 것을 법으로 규정하고 있다. 즉, 연구부정행위는 연구자료 또는 연구결과 를 위조·변조·표절하거나 저자를 부당하게 표시하는 행위, 그밖에 연구 활동의 건전성을 저해하는 행위로서 대통령령으로 정하는 행위이다.

연구자가 산출한 연구결과물은 학문, 사회, 국가 공동체에 영향을 미 치므로 연구자는 정직하고 책임 있는 연구(responsible research)를 수행할 의무가 있다. 연구자의 단순 실수 외에 무지나 무능에 의한 실수는 성실한 연구의무를 회피하게 함으로써 결국 노골적인 속임수로 이어질 수 있다. 그러므로 연구자는 사회적 책임을 다하고 연구와 출판 부정행위를 예방하기 위한 노력을 경주함으로써 연구윤리를 지키려는 노력을 기울여야 한다.

최근 우리나라를 포함하여 전 세계적으로 연구부정행위가 증가하고 있다. 연구부정행위는 연구진실성을 직접적으로 저해하는 위조, 변조, 표절, 부당한 저자 표기, 부당한 중복게재, 부정행위 조사를 방해하거나 제보자에게 위해를 가하는 행위, 각 학문 분야에서 통상적으로 용인되는 범위를 심각하게 벗어난 행위로 규정된다(「연구윤리 확보를 위한 지침」 제11조). 미국의 경우 1980년대 이후, 우리나라는 2000년대 이후 연구부정행위가 증가하고 있는데, 그 원인은 연구자들 간의 경쟁이 심화되고 있을 뿐만 아니라, 논문 출판이 취업이나 승진, 명예, 인센티브 등에 상당한 영향을 미쳐 그로 인해 연구자의 심리적 부담을 증가시키기 때문이다(윤철희, 2023). 이에 논문을 작성하거나 책을 집필하는 연구자에게 연구윤리는 매우 중요한 문제이면서 흔히 범하기 쉬운 실수이기도 하다. 그러므로 처음 논문을 작성하는 대학생이나 대학원생은 연구윤리를 반드시 숙지해야만 한다.

연구윤리가 우리 사회에서 중요한 이슈로 등장하게 된 계기는 아마도 황우석 박사의 논문이 과학저널인 『Science』에서 게재 철회되면서부터가 아닐까 싶다. 물론 그전에도 연구윤리에 대해 관심이 없었던 것은 아니지만 연구자의 연구부정행위가 사회문제로까지 비화된 것은 그 사건이 중요한 발화점이 되었다고 생각한다. 심지어 황우석 박사 사건은 외국에서 'Hwang scandal'로 명명되면서 전 세계적으로 심각한 연구부정행위로 간주되어 미국한림원에서 공동집필한 『착한 과학자들(On Being a Scientist)』(2016)에 대표적인 연구부정행위의 사례로 제시되기도 하였다. 이 사건 이후로 과학기술부(2007. 4.)는 '과학자를 위한 과학기술인윤리강령'을 발표하였고, 학술단체총연합회(2010. 1.)는 연구윤리지침을, 교육부는 「연구윤리 확보를 위한 지침」(2014)을 제정하여 발표하였다. 또한 대학교마다 연구윤리지침을 만들고, 국가적 차원에서는 한국연구재단(NRF) 내에 연구윤리정보센터(CRE)를 설립하여 연구윤리 확보를 위한 노력을 경주하고 있다. 이러한 상황에서 2013년 싱가포르에서 열린 세계연구윤리포럼에서는 '연구윤리에 관한 싱가포르 선언(Singapore Statement on Research Integrity)'을 발표하기도 하였다(참고). '연구윤리에 관한 싱가포르 선언'은 2010년 7월 21일부터 24일 동안 싱가포르에서 개최된 '제2차 국제연구윤리 콘퍼런스'에서 책임 있는 연구수행이 무엇인지를 안내하기 위해 구상된 것이다. 이 선언은 법적 강제력이 있거나 콘퍼런스에 참여한 국가나 단체의 공식 의견은 아니다. 그러나 이 선언은 연구윤리에 관한 공식 정책이나 규정을 제정하기 위해서는 반드시 책임 있는 국가 기관이나 단체가 이를 검토할 것을 제안하였다(https://starlibrary.org/common/file/ethicGuide1.pdf).

 참고

연구윤리에 관한 싱가포르 선언 (Singapore Statement on Research Integrity)
[서문] 연구의 가치와 연구를 통해 얻어진 성과는 전적으로 연구의 진실성에 달려 있다. 비록 연구를 수행하고 지원하는 방식은 다를지라도 국가나 연구 분야를 막론하고 연구

과정에서의 진실성 확보에 필요한 기본적인 원칙과 연구자의 책임은 다음과 같다.

원칙
모든 연구과정에서의 **정직성(Honesty)** 연구수행에서의 **책임성(Accountability)** 공동연구에서의 **상호 존중과 공정성(Professional courtesy and fairness)** 연구자로서 사회에 대한 **의무의 준수(Good stewardship)**

연구자의 책임

1. **진실성(Integrity):** 연구자는 수행한 연구결과의 신뢰성에 대해 책임을 져야 한다.
2. **규정의 준수(Adherence to Regulations):** 연구자는 연구와 관련된 규정과 정책을 숙지하고 준수하여야 한다.
3. **연구방법(Research Methods):** 연구자는 적절한 방법론을 택하여 엄밀한 분석을 통해 결론을 도출하고 그 결과를 객관적으로 발표하여야 한다.
4. **연구기록(Research Records):** 연구자는 연구의 결과를 증명하고 추후 재현하는 데 도움이 되도록 연구과정의 모든 기록을 정확하고 분명하게 남겨야 한다.
5. **연구결과(Research Findings):** 연구자는 연구성과의 우선권과 저작권을 확보하기 위한 절차를 진행한 후에는 즉시 데이터와 연구의 결론을 공개하고 공유하여야 한다.
6. **저자권(Authorship):** 연구자는 모든 종류의 연구성과의 출판과 제안, 보고, 연구결과 발표에 있어 기여한 정도에 따라 책임을 져야 한다. 연구에 기여하여 저자로서의 권한이 있는 사람은 모두, 그리고 그들만이 저자에 포함되어야 한다.
7. **출판물에서의 감사 표시(Publication Acknowledgement):** 연구성과의 출판물에서는 기록자, 연구비 지원자, 후원자 등 연구에 필요한, 그러나 저자권에는 부합하지 않는 모든 사람에 대해 이름과 역할을 기록하여 감사의 표시를 하여야 한다.
8. **동료 심사(Peer Review):** 동료 연구자의 업적을 평가할 때는 공정·신속·엄정하여야 하고 평가과정에서 인지한 비밀은 지켜야 한다.
9. **이해상충(Conflict of Interest):** 연구자는 연구제안, 출판, 전문가로서의 발언, 그리고 평가 활동에 있어 업무에 영향을 끼칠 수 있는 재정적 또는 기타 이해관계를 공지하여야 한다.
10. **전문가로서의 발언(Public Communication):** 연구와 관련한 전문가로서 견해를 발언할 때는 본인의 전문 분야에 국한하여 발언하고 개인으로서의 견해와 전문가로서의 견해를 분명하게 구분하여 발언하여야 한다.

11. **부적절한 연구에 대한 보고(Reporting Irresponsible Research Practices):** 연구자는 위조, 변조, 표절 또는 연구수행에서의 부주의, 부당한 저자 표시, 상충하는 데이터의 누락, 왜곡된 방법을 통한 분석 등 부적절한 것으로 의심되는 행위를 인지했을 때는 적절한 관계자에게 이를 알려야 한다.

12. **부적절한 연구에 대한 대처(Responding to Irresponsible Research Practices):** 연구기관, 학술지, 전문가 단체, 연구비 지원기관 등 연구와 관련된 기관은 연구부정행위의 의혹을 처리하고 선의의 제보자를 보호하기 위한 규정을 마련하여야 한다. 연구부정행위 또는 연구부적절행위가 확인되었을 때는 연구기록의 정정을 포함하여 적절한 후속조치를 즉각 취하여야 한다.

13. **연구환경(Research Environments):** 연구기관은 교육과 내부 정책 및 규정을 통해 연구의 진실성을 확보하기 위한 환경을 조성하고 연구의 진실성 확보를 위해 노력하여야 한다.

14. **사회적 파장에 대한 고려(Societal Considerations):** 연구자와 연구기관은 연구의 결과가 사회에 미칠 위험과 이익에 항상 주의를 기울일 윤리적 의무가 있음을 숙지하여야 한다.

출처: http://www.singaporestatement.org; https://starlibrary.org/common/file/ethicguidel.pdf(번역: STEPI 박기범 연구위원)에서 재인용, 2024. 11. 6. 인출.

연구윤리 확보를 위한 각국의 노력에도 불구하고 전 세계적으로 여전히 연구윤리 문제는 끊임없이 발생하고 있다. 중국의 경우, 중국 내 연구자들을 대상으로 설문조사를 실시한 결과, 설문에 응답한 연구자 중 1/3이 표절이나 자료의 위조나 변조를 행한 적이 있다고 응답했다는 결과가 발표되기도 했다(윤철희, 2023). 국내에서도 연구윤리 불감증 문제는 계속 발생하고 있다. 표지갈이 사건이나 연구에 참여하지도 않은 미성년 자녀를 논문의 저자로 이름을 올려 논문을 발표하거나 실제로 논문 작업을 진행한 제자의 이름은 빼고 자녀의 이름만 단독으로 올려 논문을 발표하는 등의 부당저자 문제, 연구비 부당사용 문제, 천재 과학자의 표절 문제, 국내 최고 대학의 교수가 해외대학 교수의 논문을 표절하여 사직하는 등 다양한 연구윤리 관련 문제는 끊임없이 발생하고 있다.

1   연구부정행위의 발생 이유

국가에서 연구윤리 지침을 만들고, 기관이나 대학교 등에서 연구부정
행위를 예방하기 위해 각종 연구윤리 지침을 만들어 연구윤리를 확보하

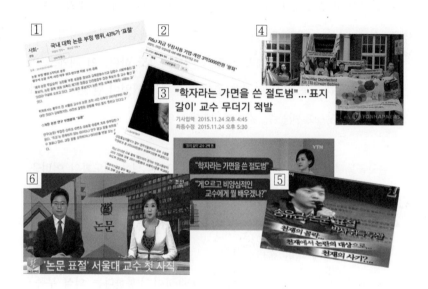

[그림 1-1] 국내 연구부정행위 발생 관련 기사

출처: 1. 조선일보(2014. 6. 23.). 국내 대학 논문 부정행위, 43%가 '표절'. https://www.chosun.c
om/site/data/html_dir/2014/06/23/2014062300153.html에서 2024. 11. 14.
인출.
2. 머니투데이(2014. 12. 28.). R&D 자금 부정사용 기업·개인 3억 5000만원 '철퇴'. https://ne
ws.mt. co.kr/mtview.php?no=2014122814394324682에서 2024. 11. 14. 인출.
3. YTN(2015. 11. 24.). "학자라는 가면을 쓴 절도범" ··· '표지갈이' 교수 무더기 적발.
https://www.ytn.co.kr/_ln/0103_201511241645312172에서 2024. 11. 14. 인출.
4. 이투데이(2016. 5. 6.). 옥시 영국 본사 찾은 가습기 살균제 피해자들 ··· CEO "개인적
유감". https://www.etoday.co.kr/news/view/1326234에서 2024. 11. 14. 인출.
5. 이투데이(2015. 11. 26.). 열여덟 송유근에게 "1살로 돌아간다면?". https://www.etod
ay.co.kr/news/view/1241967에서 2024. 11. 14. 인출.
6. TV조선 뉴스와이드 활(2013. 3. 7.). '논문 표절' 서울대 교수 첫 사직. https://broadcas
t.tvchosun.com/news/newshwal/ch19.cstv?programDiv=10&programId=C20120
0187에서 2024. 11. 14. 인출.

고자 노력하고 있음에도 왜 연구윤리 문제들은 끊임없이 발생하고 있는가? 그 배경에는 연구자가 연구를 수행하여 산출한 결과를 연구자 개인의 문제라기보다는 연구에 관심 있는 사람, 즉 연구집단과 소통한다는 의식을 공유하여 연구결과를 객관적이고 공정하게 해석하고 전달해야한다는 의식이 부족하기 때문일 것이다. 또한 이는 제안, 계획, 수행, 보고, 검토, 확산 등 연구의 전 과정에서 연구의 핵심 가치를 지켜 나가는 연구진실성이 확보되지 못하고 있기 때문이기도 하다. 이 외에도 연구윤리 문제는 다음과 같은 다양한 요인에 의해 끊임없이 발생하고 있다(김항인, 2014, p. 61; 박문수, 김재현, 백승민 외, 2020).

- 연구공동체의 강한 집단응집력으로 온정주의에 의한 제도화의 어려움
- 표절과 위·변조를 묵시적으로 강요하는 관료집단의 단기실적주의
- 공동연구에서의 연구 책임범위에 대한 이해 부족
- 연구부정행위에 대한 솜방망이 처벌
- 연구자가 자신의 연구결과를 집단과 공유하여 소통한다는 의식 부족
- 연구윤리의 배경이론이 되는 윤리학 이론에 대한 경시
- 연구윤리에 대한 이해 부족
- 타율적인 의무와 같이 형식주의 및 형식적인 연구윤리교육의 실시
- 연구윤리 전문가 부족

바람직한 연구윤리 실천을 통한 연구활동이 있는 반면, 명백한 연구
윤리를 위반한 바람직하지 못한 연구활동, 즉 연구부정행위가 존재함으
로써 연구윤리의 스펙트럼은 매우 넓다. 즉, 단순 실수에서부터 무지나
무능에 의한 실수, 성실한 연구의무 회피, 노골적인 속임수에 이르기까
지 그 스펙트럼이 매우 넓다(최훈, 신중섭, 2007; [그림 1-2] 참조).

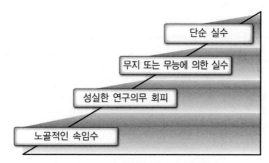

[그림 1-2] 연구부정행위의 스펙트럼

출처: 최훈, 신중섭(2007), p. 115.

바람직한 연구윤리 실천과 명백한 연구부정행위는 그 진위를 파악하
기가 비교적 용이한 반면, 이 둘 간에 존재하는 연구윤리의 회색 지대
(grey area, questionable research practice)는 윤리성의 판단이 모호
하다([그림 1-3], [그림 1-4] 참조).

| 명백한
연구부정행위
(위조, 변조, 표절) | 윤리성의 판단이 모호한
넓은 회색 지대
(Grey Area) | 바람직한
연구윤리 실천
(Good Research
Practice: GRP) |

[그림 1-3] 연구윤리의 범위

출처: 김옥주(2007). p. 40.

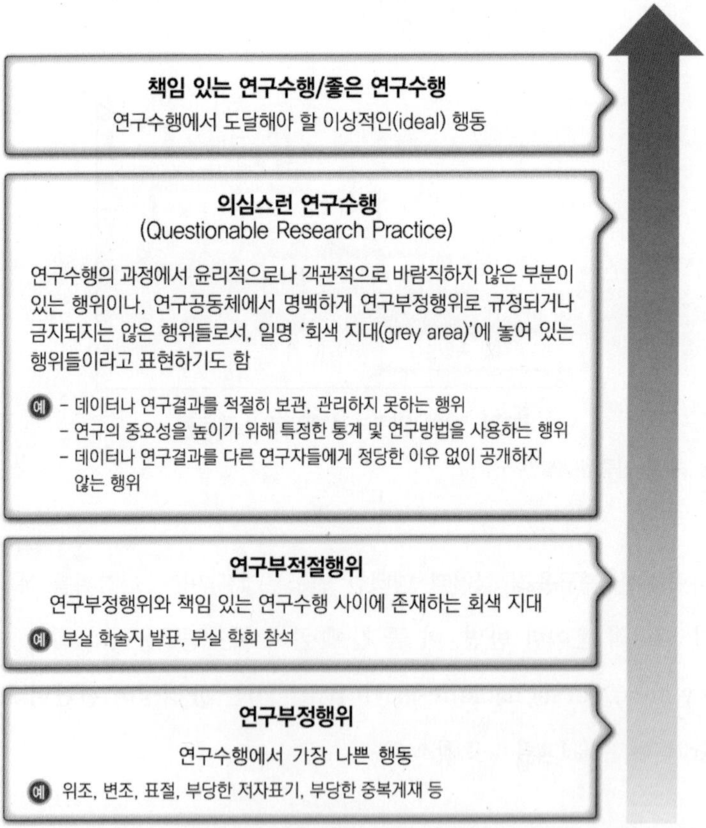

책임 있는 연구수행/좋은 연구수행
연구수행에서 도달해야 할 이상적인(ideal) 행동

의심스런 연구수행
(Questionable Research Practice)

연구수행의 과정에서 윤리적으로나 객관적으로 바람직하지 않은 부분이 있는 행위이나, 연구공동체에서 명백하게 연구부정행위로 규정되거나 금지되지는 않은 행위들로서, 일명 '회색 지대(grey area)'에 놓여 있는 행위들이라고 표현하기도 함

예 - 데이터나 연구결과를 적절히 보관, 관리하지 못하는 행위
   - 연구의 중요성을 높이기 위해 특정한 통계 및 연구방법을 사용하는 행위
   - 데이터나 연구결과를 다른 연구자들에게 정당한 이유 없이 공개하지 않는 행위

연구부적절행위
연구부정행위와 책임 있는 연구수행 사이에 존재하는 회색 지대
예 부실 학술지 발표, 부실 학회 참석

연구부정행위
연구수행에서 가장 나쁜 행동
예 위조, 변조, 표절, 부당한 저자표기, 부당한 중복게재 등

[그림 1-4] 연구활동의 스펙트럼

출처: 이효빈 외(2019), p. 15.

연구윤리에서 윤리성의 판단이 모호한 회색 영역을 '의심스런 연구수행(questionable research practice: QRP)' 혹은 '연구부적절행위'라고 한다. 이는 편견에 사로잡힌 연구나 데이터 관리의 소홀 및 부주의, 빈약한 연구설계 등과 같이 연구윤리에서 벗어난 정도가 심하지 않다. 연구부적절행위의 예로는 중요한 연구데이터를 일정 기간 보관하지 않거나 연구기록을 부적절하게 관리하기, 논문 저자 기재의 문제, 연구시료나 연구데이터의 제공을 거절하는 것, 불충분한 연구지도와 학생 착취, 연구성과를 학술지나 학술대회 논문발표 시 불성실하게 발표하기 등과 같은 것을 들 수 있다(김옥주, 2007, p. 40; 한국연구재단, 2022, p. 3).

연구윤리는 연구진실성을 최대한 확보할 수 있도록 노력해야 하는데 이러한 연구진실성의 핵심 가치는 객관성(objectivity), 정직성(honesty), 개방성(openness), 공정성(fairness), 책무성(accountability), 관리(stewardship)라고 할 수 있다(이효빈 외, 2019, p. 11; [그림 1-5] 참조).

- **객관성**: 특정한 동기가 연구자의 연구수행에 영향을 미치지 않도록 하기
- **정직성**: 연구의 전 과정에서 연구자료와 데이터를 사실 그대로 활용하고 보고하기
- **개방성**: 연구수행을 통해 획득된 데이터와 결과를 투명하게 공개하기
- **공정성**: 연구자료의 배분, 연구업적 평가 등에서 친분이나 이해관계에 영향을 받지 않기
- **책무성**: 연구수행 과정과 연구결과의 타당성을 입증하기
- **관리**: 연구의 가치가 잘 확산되고 연구자들의 활동이 진작될 수 있도록 연구공동체 운영하기

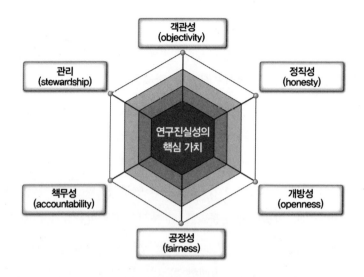

[그림 1-5] 연구진실성의 핵심 가치

출처: 이효빈 외(2019), p. 11.

연구윤리는 연구진실성 확보를 위해 노력해야 하는데 그 범위는 매우 넓다. 현재 연구윤리의 범위에 대해 정해진 바는 없으나 Shamoo와 Resnik(2015), Stenek(2004), Macrina(2005) 등이 제시한 범위 등이 널리 인용되고 있다(엄창섭, 이원용, 2021, p. 12).

〈표 1-1〉 연구윤리의 범위

Shamoo & Resnik(2015)	Stenek(2004)	Macrina(2005)
• 과학연구와 윤리 • 연구부정행위 • 데이터 수집과 관리 • 멘토링 • 학계 내 공동연구와 산학협력 • 저작권 • 출판과 동료평가 • 지적재산권 • 이해상충과 과학적 객관성 • 연구에서 동물의 활용 • 연구대상 인간의 보호 • 과학과 사회적 책임	• 책임 있는 연구를 위한 규칙 • 연구부정행위 • 실험대상으로서의 인간 보호 • 동물용 실험의 복지 • 이해상충 • 데이터 관리 • 멘토와 멘티의 책임 • 공동연구 • 저자표시와 발표 • 동료심사	• 책임 있는 연구 수행의 방법과 태도 • 멘토링 • 저자표시와 동료심사 • 생의학실험에서 인간의 활용 • 생의학실험에서 동물의 활용 • 공동연구 • 데이터의 소유와 지적재산권 • 유전학적 기술과 과학진실성 • 과학적 기록의 보관

출처: 엄창섭, 이원용(2021), p. 12.

토론

1. 우리나라에서 발생한 연구부정행위를 조사해 보고, 그 발생 이유에 대해 논하기
2. 황우석 박사 사건, 표지갈이, 송유근 사건이 시사하는 바를 통해 연구자로서 연구윤리를 지키는 방법에 대해 논하기

제2장

「국가연구개발혁신법」과 「연구윤리 확보를 위한 지침」의 이해

1. 「국가연구개발혁신법」
2. 「연구윤리 확보를 위한 지침」

1 「국가연구개발혁신법」

「국가연구개발혁신법」은 연구자들의 연구윤리와 생명윤리에 대한 이해를 도모하고 연구자로서의 책임과 역할을 명시하여 2020년 6월 9일 제정하여 2021년 1월 1일 시행한 법이다. 이 법은 국가연구개발사업의 추진 체제를 혁신하고 자율적이고 책임 있는 연구환경을 조성함으로써 국가혁신역량을 제고하고 국민경제의 발전과 국민의 삶의 질 향상에 이바지함을 목적으로 한다. 특히 교육과 논문작성을 주로 하는 대학은 「고등교육법」 제2조에 따른 학교로서 이 법의 적용을 받는다(동법 제2조 제3호 나목).

1) 연구자의 책임과 역할

연구개발과제를 총괄하는 책임연구자는 연구개발에 참여하는 연구자가 연구개발 활동에 전념할 수 있도록 배려하여야 한다. 그에 따라 동법 제7조에는 연구자의 책임과 역할을 다음과 같이 명시하고 있다.

첫째, 연구자는 자율과 책임을 바탕으로 성실하게 국가연구개발활동을 수행해야 한다.

둘째, 연구자는 국가연구개발활동을 수행할 때 도전적으로 자신의 능력과 창의력을 발휘하되, 그 경제적 · 사회적 영향을 고려해야 한다.

셋째, 연구자는 연구윤리를 준수하고 진실하고 투명하게 국가연구개발활동을 수행해야 한다.

2) 연구부정행위의 범위

「국가연구개발혁신법」에서는 올바른 연구윤리 확보를 위하여 연구개발사업에서 연구개발자료 또는 연구개발성과와 관련한 부정행위를 위조, 변조, 표절, 저자를 부당하게 표시하는 행위로 명시하고 있으며(제31조), 부정행위 등에 대한 제재처분도 명시하고 있다(제32조). 이 법에서 말하는 연구개발성과는 제품, 시설 · 장비, 지적재산권 등 유형 · 무형의 성과로서 논문이나 보고서 등이 포함된다. 동법 제31조 제1항에는 부정행위 유형을 명시하고 있는데, 이 법에서는 '연구부정행위'라는 표현 대신 '부정행위'라는 표현을 사용한다. 특히 이 법에서는 연구윤리와 관련한 부정행위를 동법 시행령 제56조 제2항에 그 세부 기준을 명시하고 있다.

- **위조:** 존재하지 않는 연구개발자료 및 연구개발성과를 거짓으로 만들거나 기록 또는 보고하는 행위

- **변조:** 연구시설·장비, 연구재료 및 연구개발과정을 인위적으로 조작하거나 연구개발자료 및 연구개발성과를 임의로 변형·추가·삭제함으로써 연구개발 수행의 내용 또는 결과를 왜곡하는 행위
- **표절:** 일반적인 지식이 아닌 연구자 자신 또는 다른 사람의 연구개발자료 또는 연구개발성과를 적절한 출처의 표시 없이 연구자 자신의 연구개발자료 또는 연구개발성과에 사용하는 행위
- **저자를 부당하게 표시하는 행위:** 연구개발과제 수행의 내용 또는 결과에 대하여 공헌 또는 기여를 한 사람에게 정당한 사유 없이 저자의 자격을 부여하지 않거나 공헌 또는 기여를 하지 않은 사람에게 정당한 사유 없이 저자의 자격을 부여하는 행위

동법 제31조 제2항과 제3항에는 부정행위를 알게 된 경우에 해당 기관은 이를 검증하고 필요한 조치, 즉 부정행위에 대한 검증 및 조사를 해야 한다고 명시하고 있다. 이 경우, 제보자에 대해서는 신분상의 불이익 조치나 위협·협박과 같은 조사의 공정성과 객관성을 해치는 행위를 금하도록 동법 시행령 제56조 제1항 제1호에 명시하고 있다. 이외에도 동법 시행령 제56조에는 증명자료의 위조·변조와 사용내역의 거짓 보고와 같은 연구개발비 사용의 건전성을 해치는 행위, 「생명윤리 및 안전에 관한 법률」의 관련 내용에 해당하는 행위, 「연구실 안전환경 조성에 관한 법률」의 관련 사항에 해당하는 행위 등을 국가연구개발활동의 건전성을 저해하는 행위로 규정하고 있다. 이러한 부정행위를 예방하기 위하여 동법 시행령 제58조에는 연구윤리의 확보를 위해 기관마다 자체 연구윤리규정을 마련하여 운영해야 한다고 명시하고 있다.

한편, 동법 제32조에는 부정행위 등에 대한 제재 처분으로 해당 연구

개발기관, 연구책임자, 연구자, 연구지원 인력 또는 연구개발기관 소속 임직원에 대하여 10년 이내의 범위에서 국가연구개발활동(연구지원은 제외)에 대한 참여를 제한하거나 이미 지급한 정부 연구개발비의 5배의 범위에서 제재부가금을 부과할 수 있고, 참여제한 처분이나 제재부가금 부과처분은 병과할 수 있을 뿐만 아니라, 이미 지급한 연구개발비를 환수할 수도 있음을 명시하고 있다.

3) 부정행위 검증

부정행위가 발생할 경우, 동법 시행령 제57조에는 부정행위 제보 및 접수 방법, 부정행위 증명을 위한 조사의 절차 및 방법, 부정행위 증명을 위한 조사의 결과 통보·보고에 관한 사항, 부정행위 제보자에 대한 신변보호 및 조사대상자의 권리보호에 관한 사항이 포함된 기관 내 자체규정을 마련하여 부정행위가 발생할 경우 이를 검증하여 조치하도록 명시하고 있다.

2 「연구윤리 확보를 위한 지침」

지난 수년간 국내에서는 다양한 연구부정행위가 발생하였다. 황우석 박사 사건을 비롯하여 가습기 사건, 표지갈이, 부당저자 문제 등 다양한 연구부정행위 등이 발생함에 따라 교육부에서는 「학술진흥법」 제15조에서 위임한 사항을 정하여 2014년 연구자 및 대학 등의 연구윤리를 확보하는 데 필요한 역할과 책임에 관하여 기본적인 원칙과 방향을 제시하고, 연구부정행위를 방지하기 위한 사항을 정함을 목적으로 「연구윤리 확보를 위한 지침」을 제정하였고, 수차례 개정하면서 가장 최근으로 2023년 7월 17일 전부개정하여 교육부훈령 제449호로 발표하여 시행하고 있다.

1) 용어 정의

이 지침에서 사용하는 용어는 이 지침의 제2조에 명시하여 연구자, 대학 등 전문기관에 적용한다.

- **"연구자"**란 「학술진흥법」 제2조 제5호에서 규정한 연구자를 말한다.
- **"대학등"**이라 함은 대학·연구기관·학술단체를 말한다.
- **"전문기관"**이란 교육부장관이 지정한 기관으로서, 연구자 및 연구기관 등을 지원하고 관리·감독하는 기관을 말한다.
- **"연구 원자료"**란 연구목적을 달성하기 위해 연구자가 실험, 관찰, 조사 등을 거쳐 수집한 가공 이전의 자료와 문헌 등을 말한다.
- **"연구자료"**란 연구 원자료를 가공한 자료와 이를 활용한 2차 자료 및 문헌을 말한다.
- **"연구결과"**란 연구자가 연구활동을 통해 얻은 연구자료를 활용하여 도출한 체계화된 결론을 말한다.
- **"연구결과물"**이란 연구자가 연구활동을 통해 최종적으로 얻은 결과를 기술한 보고서·논문·간행물·단행본 등의 학술적 저작물과 지식재산을 말한다.

2) 연구자의 역할과 책임

연구자는 연구의 자유에 기초하여 자율적으로 연구를 수행하되, 연구자로서 그 역할과 책임을 다하여야 한다. 이를 위해 이 지침의 제5조에는 연구자의 역할과 책임을 명시하고 있다.

- 연구대상자의 인격 존중 및 공정한 대우
- 연구대상자의 개인정보 및 사생활의 보호
- 사실에 기초한 정직하고 투명한 연구의 진행
- 전문 지식을 사회에 환원할 경우 전문가로서 학문적 양심 견지
- 새로운 학술적 결과를 공표하여 학문의 발전에 기여
- 자신 및 타인의 저작물 활용 시 적절한 방법으로 출처를 밝히는 등 선행 연구자의 업적 인정·존중
- 연구계약의 체결, 연구비의 수주 및 집행과정의 윤리적 책임 견지
- 연구비 지원기관의 이해관계에 영향을 받지 않고, 연구결과물에 연구와 관련된 모든 이해관계 명시
- 연구결과물을 발표할 경우, 연구자의 소속, 직위(저자 정보)를 정확하게 밝혀 연구의 신뢰성 제고
- 지속적인 연구윤리교육의 참여

3) 연구부정행위의 유형

연구를 수행함에 있어 연구자는 연구개발 과제의 제안, 수행, 결과 보고 및 발표 등에서 연구부정행위가 발생하지 않도록 최선을 다하여야 한다. 이 지침의 제11조에는 연구부정행위의 범위를 위조, 변조, 표절, 부당한 저자 표시, 부당한 중복게재, 연구부정행위에 대한 조사방해 행위, 그 밖에 각 학문 분야에서 통상적으로 용인되는 범위를 심각하게 벗어나는 행위로 제시하고 있다.

- **위조**: 존재하지 않는 연구 원자료 또는 연구자료, 연구결과 등을 허위로

만들거나 기록 또는 보고하는 행위

- **변조**: 연구재료 · 장비 · 과정 등을 인위적으로 조작하거나 연구 원자료 또는 연구자료를 임의로 변형 · 삭제함으로써 연구내용 또는 결과를 왜곡하는 행위

- **표절**: 일반적 지식이 아닌 타인의 독창적인 아이디어 또는 창작물을 적절한 출처표시 없이 활용함으로써 제3자에게 자신의 창작물인 것처럼 인식하게 하는 행위
  - 타인의 연구내용 전부 또는 일부를 출처를 표시하지 않고 그대로 활용하는 경우
  - 타인의 저작물의 단어 · 문장구조를 일부 변형하여 사용하면서 출처표시를 하지 않는 경우
  - 타인의 독창적인 생각 등을 활용하면서 출처를 표시하지 않은 경우
  - 타인의 저작물을 번역하여 활용하면서 출처를 표시하지 않은 경우

- **부당한 저자 표기**: 연구내용 또는 결과에 대하여 공헌 또는 기여를 한 사람에게 정당한 이유 없이 저자 자격을 부여하지 않거나, 공헌 또는 기여를 하지 않은 사람에게 감사의 표시 또는 예우 등을 이유로 저자 자격을 부여하는 행위
  - 연구내용 또는 결과에 대한 공헌 또는 기여가 없음에도 저자 자격을 부여하는 경우
  - 연구내용 또는 결과에 대한 공헌 또는 기여가 있음에도 저자 자격을 부여하지 않는 경우
  - 지도학생의 학위논문을 학술지 등에 지도교수의 단독 명의로 게재 · 발표하는 경우

- **부당한 중복게재**: 연구자가 자신의 이전 연구결과와 동일 또는 실질적으로 유사한 저작물을 출처표시 없이 게재한 후, 연구비를 수령하거나 별도의 연구업적으로 인정받는 경우 등 부당한 이익을 얻는 행위

- **연구부정행위에 대한 조사방해 행위**: 본인 또는 타인의 부정행위에 대한 조사를 고의로 방해하거나 제보자에게 위해를 가하는 행위
- 그 밖에 각 학문 분야에서 통상적으로 용인되는 범위를 심각하게 벗어나는 행위

4) 연구부정행위의 검증절차

연구부정행위가 발생했을 경우, 이에 대한 검증은 해당 연구가 수행될 당시의 연구자의 소속 기관에 있다. 연구부정행위에 대한 제보가 접수되면 해당 기관에서는 조사위원회를 구성하여 예비조사, 본조사, 판정의 절차를 거쳐 연구부정행위를 검증한다. 연구부정행위에 대한 제보는 구술 · 서면 · 전화 · 전자우편 등의 방법을 통하여 실명으로 하여야 한다. 단, 익명 제보라고 하더라도 연구과제명, 논문명, 구체적인 연구부정행위 등이 포함된 증거를 서면이나 전자 우편으로 제보한 경우로서 해당 증거가 신빙성이 있고 연구부정의혹이 구체적이고 명확할 때는 실명 제보에 준하여 처리한다(「연구윤리 확보를 위한 지침」 제13조). 연구부정행위의 검증 절차는 제4장(연구부정행위의 검증)에서 살펴보고자 한다.

토론

1. 「국가연구개발혁신법」과 「연구윤리 확보를 위한 지침」에서 제시한 연구부정행위 유형에 대한 차이점에 대해 논하기
2. 중복게재와 부당한 중복게재의 차이점에 대해 논하기

제3장

연구부정행위의 유형 및 사례

1. 위조
2. 변조
3. 표절
4. 부당한 저자표기
5. 중복게재

연구부정행위의 유형 및 사례는 「연구윤리 확보를 위한 지침」에 준하여 살펴보고자 한다.

1 위조

"위조"는 존재하지 않는 연구 원자료 또는 연구자료, 연구결과 등을 허위로 만들거나 기록 또는 보고하는 행위를 말한다. 학문 분야별로 위조의 유형은 다양하다. 위조는 설문조사를 하지 않았음에도 마치 한 것처럼 문항 내용을 제시하거나, 실험 결과의 데이터를 허위로 만들어 제시하기 등을 예로 들 수 있다([그림 3-1] 참조).

자연과학연구에서 실험, 관찰, 시뮬레이션 등에 의지하지 않고 허위로 결과 혹은 데이터를 만들어 내는 행위

사회과학연구에서 설문 응답자의 응답 내용을 꾸미는 행위

책을 읽지 않고 읽은 척하거나 책의 일부만 읽고 전체를 다 읽은 것처럼 꾸미는 행위

자신이 경험하지 않은 일을 경험한 일인 양 꾸미는 행위

[그림 3-1] 위조의 유형

출처: 한국연구재단(2013), p. 33.

"Painting the mice"

[그림 3-2] 색칠한 쥐

출처: 한국연구재단(2013), p. 35.

위조와 관련하여 대표적인 사건으로 미국의 윌리엄 서머린 사건을 들 수 있다. 그는 미국 뉴욕에 있는 슬로언 케터링 연구소에서 피부암 연구를 하던 면역학자였다. 그는 유전적으로 부적합한 피부 조직의 이식을 쉽게 하기 위한 조직배양기법을 연구하고 있었다. 그는 흰 쥐의 이식된 피부

조각을 펠트펜으로 검게 칠해 검은 쥐의 피부 조각을 흰 쥐에 이식하는 획기적인 실험에 성공한 것처럼 가장했다. 나중에 그는 조작 사실을 시인하면서 정신적, 육체적 피로와 연구결과를 발표하라는 연구소의 압력이 겹쳐 판단력이 흐려졌다고 주장했다. 결국 그는 연구소에서 해고되었고, 연구소장도 자리에서 물러났다. 이 사건은 일명 '색칠한 쥐' 사건으로 불리면서 미국 내에서 대중적 주목을 끌었던 최초의 연구부정행위였다(한국연구재단, 2013, p. 35). 이 외에도 우리나라의 서울대학교 수의과대학 교수였던 황우석 박사의 인간배아복제 연구는 대표적인 위조 사건이라고 할 수 있다. 해당 연구결과물은 2004년 『Science』에 투고하였다가 2005년 게재 철회되었다.

2 변조

  "**변조**"는 연구재료 · 장비 · 과정 등을 인위적으로 조작하거나 연구 원자료 또는 연구자료를 임의로 변형 · 삭제함으로써 연구내용 또는 결과를 왜곡하는 행위이다. 그 예로, 설문조사 시 응답자의 응답 내용 중 좋은 결과만을 이용하여 결과를 분석한다든지, 실험에서 산출한 데이터나 결과를 조작하여 발표하는 것 등을 예로 들 수 있다([그림 3-3] 참조).

문헌자료 왜곡

연구의 바탕이되는 문헌자료의 내용이 목표한 결론과 일치하지 않을 때, 그 내용의 전체 또는 일부를 유리하게 번경히거ㅓ 생략하여 글을 쓰는 행위

연구 데이터 누락

연구과정에서 실험 등을 통해 증거를 얻는 과정이 성공적이지 않을 때, 자신에게 유리한 데이터만 선별하여 취하고 불리한 데이터는 누락시켜 은폐하는 행위

연구 방법 조작

연구의 타당성을 보여 주는 요소인 연구 방법을 조작하여 획득한 결과를 정상적인 것인 양 제시하는 행위

연구 데이터 조작

연구과정에서 설문이나 실험을 통해 얻은 데이터가 원래 목표했던 연구의 결과와 부합하지 않을 때, 데이터의 전체 또는 일부를 유리하게 변경하는 행위

[그림 3-3] 변조

출처: 정종진, 최선경, 하병학(2014), p. 25

　　변조의 대표적인 사례로 2014년 일본 이화학연구소의 오보카타 하루코가 『Nature』에 발표한 'STAP 세포 논문'을 들 수 있다. 즉, 논문의 제1저자인 오보카타는 미국 연구진과 공동으로 세포를 약산성 용액에 잠깐 담그는 자극만으로도 어떤 세포로도 변할 수 있는 STAP 세포를 쥐 실험을 통해 만드는 데 성공했다고 발표하였다. 그러나 이화학연구소가 같은 방법으로 수차례 실험했지만 같은 결과가 나타나지 않았다. 결국 해당 연구는 데이터를 조작한 것으로 드러나 『Nature』는 해당 논문을 철회하였다(최성우, 2017. 3. 9.). 국내에서는 서울대학교 수의대 교수의 사건을 들 수 있다. 이는 포항공과대학의 생물학연구정보센터(BRIC)의 한 연구원이 해당 교수의 해외 학술지에 실린 16편의 논문을 분석한 결과를 발표함으로써 드러났다. 한 예로 해당 교수 연구진은 4개의 세포를 이용하여 실험한 결과를 유명 학술지에 게재하였는데 그 결과를 보면, 표준편차가 매우 커서 변산이 큼에도 유의도 수준은 매우 높게 산출됨으로써 분석 결과를 변조한 것으로 판정되었다.

Table 3 The effect of anti-miR 486 on neural cell distribution in SCI lesions

| | Positive cell no. ($\times 10^2$ cells/mm^2) | | | | |
	Normal spinal cord	SCI	SCI/scramRNA	SCI/anti-miR486	P-value
Tuj	4.97 ± 32.4	3.61 ± 24.1	3.46 ± 20.9	5.61 ± 34.1	<0.01
NF160	5.72 ± 35.2	2.99 ± 19.6	3.12 ± 20.0	9.30 ± 53.3	<0.01
MBP	4.89 ± 28.8	0.59 ± 8.9	0.61 ± 8.5	1.01 ± 9.3	<0.05
GFAP	6.52 ± 40.4	6.34 ± 39.8	6.79 ± 40.1	8.17 ± 52.0	<0.05

P-values are ANOVA. MBP = myelin basic protein.

[그림 3-4] 변조의 예

출처: 포항공대 생물학연구정보센터(2012. 6.). http://bric.postech.ac.kr/에서 2012. 6. 30.
인출.

3 표절

"**표절**"은 일반적 지식이 아닌 타인의 독창적인 아이디어 또는 창작물
을 적절한 출처 표시 없이 활용함으로써 제3자에게 자신의 창작물인 것
처럼 인식하게 하는 행위이다. 이에는 네 가지 유형이 있다.

- 타인의 연구내용 전부 또는 일부를 출처를 표시하지 않고 그대로 활용하
  는 경우
- 타인의 저작물의 단어·문장구조를 일부 변형하여 사용하면서 출처표시
  를 하지 않는 경우
- 타인의 독창적인 생각 등을 활용하면서 출처를 표시하지 않는 경우
- 타인의 저작물을 번역하여 활용하면서 출처를 표시하지 않는 경우

표절은 의도적이든 비의도적이든 일반적 지식(common knowledge)이
아닌 타인의 아이디어나 저작물을 '적절한 출처 표시 없이' 자신의 것처
럼 부당하게 사용하는 학문적 부정행위이므로 이는 지적인 절도로서 법
적 처벌대상이 된다(이인재, 2010). 이외에 '자기표절'도 있는데, 이는 자

신의 저서나 논문을 인용함에 있어서 이에 대한 출처 표기를 하지 않는 것이다.

표절의 주요 대상은 타인의 아이디어와 저작물이 될 수 있으며, 그 유형으로는 아이디어 표절, 텍스트 표절, 타인의 미출판물에 포함된 핵심 아이디어나 문장, 표, 그림, 사진 등을 출처 표시 없이 사용한 경우를 들 수 있다(이인재, 2010). 특히 텍스트 표절은 그대로 쓰기, 말 바꿔 쓰기, 요약하기, 로제팅(Rogeting) 등을 들 수 있다. 여기서 로제팅이란 문장 내에서 유사한 단어를 바꿔 가며 사용함으로써 표절 검색에 걸리지 않도록 하는 것이다. 이러한 표절 행위에 대해 Bela Gipp이 CbPD(Citation-based Plagiarism Detection)라는 검색프로그램을 개발함으로써 로제팅으로 인한 표절을 상당 부분 찾아낼 수 있게 되었다.

다른 사람의 글 도용
출처를 제시하지 않고 다른 사람의 글 일부 혹은 전부를 가져와 자신의 글인 것처럼 보이게 하는 행위

짜깁기
여러 문헌에서 가져온 글의 출처를 제시하지 않고 이리저리 엮어 마치 자신의 글인 것처럼 보이게 하는 행위

아이디어 도용
다른 사람의 고유한 생각을 그 사람의 허락 없이 가져와 쓰거나, 출처를 제시하지 않고 가져와 쓰는 행위

표, 그래프, 데이터, 그림 등의 도용
출처의 제시 없이 표, 그래프, 데이터, 그림 등을 가져와 쓰는 행위

- **아이디어 혹은 구성 표절**
  무단으로 타인의 독창적 생각이나, 사고 구조, 논리를 모방하여 활용하는 행위
- **텍스트 표절**
  원저자의 저작물(단어, 문장, 표, 그래프, 사진, 그림 등)을 출처표기 없이 사용
- **모자이크 표절(mosaic plagiarism)**
  출처표기 없이 문장을 변형하여 자신의 저작물처럼 만드는 행위
- **말 바꾸기 표절(paraphrasing plagiarism)**
  타인의 글에 말을 바꿔 쓰거나 요약하여 활용하면서도 출처를 표시하지 않는 행위
- **큰따옴표 누락**
  직접 인용 시 큰 따옴표로 인용 부분을 표기하는 것을 누락한 행위
- **출처의 내용이 주가 되었을 때**
  인용표시는 했지만, 인용문의 내용이 저작물의 대부분을 차지하는 경우
- **포괄적 혹은 부분적 출처 표기**
  책이나 논문의 제목 등 포괄적인 출처 표기 혹은 부분적 출처 표기로 독자가 원문 출처를 정확히 인지할 수 없게 하는 행위
- **2차적 저작물의 표절(plagiarism of secondary sources)**
  2차 저작물에서 가져왔으면서도 원저작물을 본 것처럼 인용하는 경우

[그림 3-5] 표절 유형

출처: 정종진, 최선경, 하병학(2014), p. 18; 연구윤리정보센터 모바일 앱 인포그래픽.

Shafer(한국연구재단, 2019, p. 194)는 표절의 범주를 지적 절도, 지적 태만, 과학적 언어를 위한 표절, 기술적 표절의 4개로 분류하여 제시하였다.

〈표 3-1〉 표절 범주

범주	정의	대처: 투고된 논문	대처: 게재된 논문
지적 절도 (Intellectual theft)	인용 없이 대량의 텍스트를 의도적으로 복제	논문 거절 저자 소속 기관에 알림 제재 부여(투고 금지)	논문 철회 저자 소속 기관에 알림 제재 부여(투고 금지)
지적 태만 (Intellectual sloth)	명확한 인용 없이 '일반적' 텍스트를 복제(예: 표준화된 방법에 대한 설명)	논문 거절 혹은 표절된 텍스트 재작성을 저자들에게 지시	논문 철회
과학적 언어를 위한 표절 (Plagiarism for scientific English)	대개 여러 출처에서 텍스트를 원문 그대로 복제	텍스트 재작성을 저자들에게 지시	논문 철회
기술적 표절 (Technical plagiarism)	출처를 밝혔으나 직접 인용임을 표시하지 않고 원문을 그대로 복제한 경우	원문에 대한 적절한 출처 표시/직접 인용 표를 추가할 것을 저자들에게 지시	논문 철회

출처: 한국연구재단(2019), p. 194

표절과 관련하여 대법원에서는 표절 검증 시효가 없다는 판결(2011년 2월 10일 2010가합57966 판결)이 나왔으며, 2016년 11월부터는 국·공립대 교수가 논문을 표절할 경우 최대 파면까지 조치를 취할 수 있도록 규정이 변경되었다. 이외에도 표절로 인해 국내외에서 상당한 파장을 일으킨 경우가 다수 발생하였다. 2011년 독일의 국방장관인 Karl-Theodor zu Guttenberg는 2006년 바이로이트대학교에서 받은 법학박사학위 논문이 표절로 판명됨에 따라 사임했고, 유럽연합(EU) 부의장을 지낸 독일의 Silvana Koch-Mehrin은 2000년 하이델베르크대학교에서 받은 경제

사박사학위 논문이 표절로 판명되어 2011년 5월 사퇴하기도 하였다. 우리나라에서도 유명 병원의 교수가 2010년 논문을 표절하여 6개월 징역형과 1년 집행유예를 선고받았고, A 대학교 총장도 자기표절(중복게재)로 2010년 사퇴했다. 모 대학교 행정학과 교수는 미국 예일대학교 교수의 논문을 표절하여 스스로 사임했고, 모 대학교 사범대 교수는 박사학위 논문이 표절로 판명되어 2009년 박사학위 취소 및 교수직이 박탈되었다. 태권도 국가대표와 IOC 위원을 지냈던 사람도 박사학위 논문이 표절로 판정되어 해당 대학교에서 박사학위가 취소된 바 있다.

반면, 많은 사람이 공유하고 있는 확립된 사실로 역사적 사실이나 날짜, 어떤 학문 분야에서 확립된 원리는 '일반적 지식'으로 간주하여 인용 시 출처 표기를 하지 않아도 된다. 그러나 일반적 지식에 대해 누군가의 의견이나 해석이 가미된 것을 활용할 때, 즉 자세한 통계 수치, 내용이 변할 수 있는 자료, 논쟁적 사실 등은 출처표시를 해야 한다(이인재, 2016, p. 16). 또한, 표절 방지를 위해서는 다른 출처에서 6개 단어 이상을 그대로 옮겨 오는 경우에는 인용 부호를 활용하고, 원 출처를 제시해야 하며, 일부 내용을 다른 말로 풀어 쓰는 경우에도 원 출처를 제시해야 한다. 뿐만 아니라, 재인용 시 원 출처와 함께 2차 출처도 본문과 참고문헌에 명기하고, 빌려 온 모든 정보에 대해서도 원 출처를 명기하며, 도형, 그림, 표 등을 활용할 경우에는 저작권자의 서면 승인을 받아야 한다. 특히 저작권과 관련하여 저작권을 침해하는 표절은 「저작권법」에서 저작물 중 창작성이 있는 부분을 무단으로 활용하는 것으로 정의함으로써 2011년 6월 30일 "저작자가 생존하는 동안과 사망한 후 70년간 존속한다."로 개정하여 2013년 7월 1일부터 시행하고 있다.

4 부당한 저자표기

"**부당한 저자표기**"는 연구내용 또는 결과에 대하여 공헌 또는 기여를 한 사람에게 정당한 이유 없이 저자 자격을 부여하지 않거나, 공헌 또는 기여를 하지 않은 사람에게 감사의 표시 또는 예우 등을 이유로 저자 자격을 부여하는 행위이다. 이에는 연구내용 또는 결과에 대한 공헌 또는 는 기여가 없음에도 저자 자격을 부여하는 경우, 연구내용 또는 결과에 대한 공헌 또는 기여가 있음에도 저자 자격을 부여하지 않는 경우, 지도 학생의 학위논문을 학술지 등에 지도교수의 단독 명의로 게재·발표하는 경우가 있다.

[그림 3-6] 저자의 유형

출처: 이효빈 외(2019), p. 42.

● **제1저자(주저자, first author)**: 주 연구자 혹은 책임연구자(PI)로서 데이터를 실험한 자(데이터를 만드는 데 중요한 역할을 한 연구자), 그 결과를 해석하고 원고 초안을 작성한 자이다. 교신저자와 함께 공저자와 저자 순서를 결정

하여 공동연구 수행 시 여러 명이 될 수도 있다.

- **공(동)저자**(coauthor): 제1저자와 함께 연구과제 수행에 참여하여 데이터 수집, 분석, 해석, 결론 도출 및 보고서 작성 등에 상당히 기여한 자이다.
- **교신저자**(corresponding author): 학술지에 논문을 출판하기 위해 원고를 제출하는 저자로서 이는 출판 전, 출판과정 중, 출판 후 출판사나 독자와 용이하게 교신할 수 있어야 한다.

저자가 되는 기준이나 조건은 기관마다 약간의 차이는 있으나 해당 연구를 수행하는 데 있어 중요한 기여를 한 사람이 저자가 될 수 있다. 이에 따라 저자는 제1저자, 교신저자, 공저자 등으로 불리지만, 선물저자, 유령저자, 교환저자, 도용(명예) 저자 등과 같이 저자로서 적절하지 못한 경우도 있다([그림 3-7] 참조).

저자로서 불인정하는 기준은 단순한 기술지원이나 데이터 수집, 논문 작성 혹은 행정관리 등의 조력, 연구비의 지원, 연구그룹의 관리 역할 수행

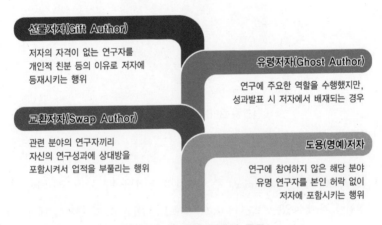

[그림 3-7] 기타 저자의 종류

출처: 연구윤리정보센터 모바일 앱 인포그래픽.

등을 들 수 있는데, 이런 경우에는 후기 혹은 감사의 글(acknowledgement)에서 그에 대한 공로를 인정해 주면 된다. 저자의 정의는 학문 분야마다 학술지마다 차이가 있으나 많은 경우에 국제의학학술편집위원회(The International Committee of Medical Journal Editors: ICMJE)의 기준을 적용하고 있다(〈표 3-2〉 참조).

〈표 3-2〉 저자의 정의

구분	저자의 정의
한국연구재단, 전국대학교 산학협력단장·연구처장 협의회	• 저자란 해당 연구논문의 창출과 관련된 중요한 지적 기여를 한 사람 • 참고로 저자로 표시될 수 있는 지적 기여의 정도에 대한 세부적인 기준과 관행은 학문 분야마다 다르다.
국제의학학술지 편집인위원회 (ICMJE)	저자는 다음 네 가지 기준 모두를 충족해야 한다. ① 연구의 개념이나 설계, 연구 데이터의 획득, 분석, 또는 해석에 상당한 기여를 한 자 ② 중요한 학술적 내용에 대해 초안작업을 하거나 비판적으로 수정을 가한 자 ③ 출판될 버전을 최종적으로 승인한 자 ④ 연구의 어떤 부분의 정확성 또는 진실성과 관련된 질문이 적절히 조사되고 해결되도록 연구의 모든 측면에 대해 책임을 지는 것에 동의하는 자
과학학술지 편집인협의회 (CSE)	① 저자는 보고된 연구에 상당한 기여를 했으며 이러한 기여에 대한 책임을 지는 것에 동의한 것으로 해당 연구진에 의해 확인된 개인을 말한다. ② 자신이 수행한 연구의 부분에 대해 책임지는 것 외에도 저자는 특정 연구 부분의 책임을 지고 있는 공동 연구자를 식별할 수 있어야 한다. ③ 저자는 다른 공동 저자들의 기여가 진실됨을 확신할 수 있어야 한다. 모든 저자는 최종 원고를 검토하고 승인해야 한다.
미국물리학회 (American Society)	저자는 연구의 개념, 계획, 실행 혹은 해석에 중요한 기여를 한 사람으로 제한되어야 한다. 중요한 기여를 한 모든 개인은 저자로 등록될 수 있는 기회를 제공받아야 한다. 연구에 기여한 다른 개인들의 기여도도 인정되어야 하지만 저자로 기록되어서는 안 된다.

출처: 경제·인문사회연구회(2020), pp. 202-203.

"**중복게재**[duplicate(redundant, dual, divided, fragmented, repetitive) publication]"는 이미 출판된 논문과 실질적으로 중복되는 논문을 동일 학술지에 권, 호수를 달리하거나 2개 이상의 학술지에 게재하는 행위이다. 학술단체총연합회(2009)에서 정의한 중복게재는 연구자 자신의 이전 연구 결과와 동일 또는 실질적으로 유사한 학술적 저작물을 처음 게재한 학술지 편집자나 저작권자의 허락 없이 또는 적절한 출처표시 없이 다른 학술지나 저작물에 사용하는 행위이다. 이는 동일하거나 밀접하게 관련된 유사한 내용의 논문 혹은 같은 주제에 대한 고찰(review)을 다른 학술지에 동시에 혹은 거의 동시에 게재하는 것이며, 이전의 논문에 자료(data)를 첨가하거나 이전과 동일한 자료를 다소 다르게 분석하는 것, 또는 다른 논문을 만들기 위해 두 개 이상의 논문을 결합하는 형태 등이 있다. 따라서 중복게재에 의한 논문은 비교되는 논문이 반드시 동일하지 않다. 이의 판단기준은 유사한 가설, 유사한 표집 수나 크기, 동일하거나 유사한 방법론, 유사한 결과, 동일 저자가 1명 이상 공동 포함, 새로운 정보가 거의 없는 경우 등이다. 그리하여 중복게재의 기준은 다음과 같다(함창곡, 2007, p. 77; 대한가정학회, 2010, p. 32 재인용).

- 가설이 유사하다.
- 표본의 수나 크기가 유사하다.
- 방법이 동일하거나 비슷하다.
- 결과가 유사하다.

- 최소한 저자 1명이 공통이다.
- 새로운 정보가 없거나 있다고 해도 매우 적다.
- 비교되는 두 저작물 사이에 서로 출처를 언급하지 않고, 참고문헌도 매우 유사하다.

중복게재의 유형으로는 논문 쪼개기, 논문 덧붙이기, 데이터 증보, 자기 표절 등이 있다(대한가정학회, 2010, pp. 31-32; 이인재, 2016, p. 29).

첫째, 논문 쪼개기(fragmented publication, salami technique, salami publication)는 하나의 논문으로 출판할 수 있는 내용을 2개의 논문으로 나누어 출판하는 것이다. 이는 동일한 연구대상으로부터 다른 연구결과를 보고한다거나, 하나의 연구결과에서 얻어진 자료를 여러 조각으로 나눠 여러 개의 논문을 작성하는 것 등인데 그 판단 기준이 다소 모호한 부분이 있다.

둘째, 논문 덧붙이기(imalas publication)나 데이터 증보(data augmentation)는 이미 출판된 논문에 큰 의미가 없는 자료를 추가하여 분석함으로써 결과를 산출하거나 기존 논문에 추가로 몇 가지 결과를 추가하여 논문을 발표하거나 이전 논문에 새로운 데이터를 첨가하여 표본 수를 늘려서 발표하지만 결과는 같은 것이다. 이는 이미 출판된 논문에 일부 결과나 임상 예를 추가해서 별다른 노력 없이 논문 목록을 부풀리는 것(대한가정학회, 2010, p. 31)으로 이전 논문에 일부 결과나 대상자의 수를 덧붙여 출판하는 것이다. 그러므로 이는 이전 논문과 대상이 중복되고, 결론의 핵심적 내용이 동일하면서도 중요하지 않은 분석결과를 추가하는 것이다.

셋째, 이중게재는 이미 출판된 논문을 다른 학술지나 저서로 출판하여 이중으로 업적을 산출하는 것이다. 이는 동일한 연구대상이나 표본 수의 결과를 활용하여 이미 게재한 논문을 다시 게재하는 것이다.

넷째, 자기표절(self plagiarism)은 자기가 쓴 이전의 저작물 일부 또는 전부를 정당한 방법으로 출처를 밝히지 않고 사용하는 것이다. 이는 마치 새로운 창작물인 것처럼 제3자를 속이는 것으로 그 결과를 질적인 면에서 독창적이거나 새로운 것으로 인정받기 어렵다(대한가정학회, 2010, p. 11).

특히 「연구윤리 확보를 위한 지침」에서는 **"부당한 중복게재"**라는 표현을 사용하여 이를 연구부정행위의 한 유형으로 제시하고 있다. 이는 연구자가 자신의 이전 연구결과와 동일 또는 실질적으로 유사한 저작물을 출처 표시 없이 게재한 후, 연구비를 수령하거나 별도의 연구업적으로 인정받는 경우 등으로 부당한 이익을 얻는 행위이다. 단순히 논문의 중복게재가 아니라 중복게재로 인해 부당하게 이익을 취득한 경우에 한하여 연구부정행위로 판단한다.

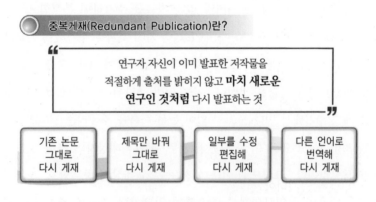

[그림 3-8] 중복게재의 유형

출처: CRE(https://www.cre.re.kr/bbs/BoardDetail.do?nttId=876&bbsId=BBSMSTR_000000000073&pageIndex=1)에서 2024. 10. 18. 인출.

연구자는 편집인의 요청으로 이전에 발표한 논문을 언어를 달리하거나 해당 학술지의 편집위원회의 허락을 받아 출판할 수 있고, 학위논문을 학술지에 발표하거나 학술지에 발표한 논문을 학위논문으로 작성할 수도 있다. 이처럼 연구의 특성상 연구자가 자신의 이전 연구에서 발표한 주요 아이디어나 연구성과를 활용하여 심화, 확대된 후속 연구를 통해 자신의 이전 연구결과의 일부를 후속연구에서 다시 활용하는 것 자체는 중복게재에 해당하지 않는다(연구윤리정보센터, https://www.cre.re.kr/bbs/Board Detail.do?nttId=876&bbsId=BBSMSTR_000000000073&pageIndex=1에서 2024. 11. 10. 인출). 이러한 경우에는 해당 연구물을 각주 등에 명시하여 표기하고 이중으로 업적을 인정받지 않아야 중복게재에 해당하지 않는다. 특히 전에 발표한 학술지 내용을 발전시켜 학위논문을 작성하는 경우에는 다음과 같은 몇 가지 조건을 반드시 지켜야 한다(CRE, https://www.cre.re.kr/bbs/BoardDetail.do?nttId=876&bbsId=BBSMSTR_000000000073&pageIndex=1에서 2024. 11. 10. 인출).

첫째, 지도교수와 심사위원들에게 학술지 논문을 발전시켜 학위논문으로 작성한다는 것을 미리 알려야 한다.

둘째, 학위논문에 "이전에 발표한 학술지 논문을 발전시켰음"과 같은 문구와 함께 그 출처를 명시해야 한다.

셋째, 학위논문은 가급적 이전 학술지 내용과 유사하지 않은, 새로운 학술적 가치를 지녀야 한다.

넷째, 학술지 논문과 학위논문의 내용이 동일하거나 실질적으로 유사한 경우, 연구업적 또는 연구비 지원을 중복해서 받아서는 안 된다.

중복게재와 관련하여 영국출판윤리위원회(Committee on Publication Ethics: COPE)에서는 다음과 같이 명시하였다. 즉, 발표한 연구는 추후 확인이 필요하지 않은 한 반복할 필요가 없으며, 학회에서 초록 발표한 것을 출판하는 것은 문제가 되지 않지만, 투고 시 이 사실을 알려야 하며, 투고 시 원논문을 자세하게 제공한다면 다른 언어로 재출판할 수 있지만 이 사실을 투고 시 밝혀야만 한다(https://publicationethics.org/getting-started에서 2024. 11. 1. 인출).

토론

1. 연구부정행위의 각 유형에 대한 사례를 찾아 해당하는 연구부정행위에 대해 논하기
2. '한국연구재단'과 '국제의학학술지편집위원회(ICMJE)'가 제시한 저자의 정의에 대한 차이점을 논하기

제4장

연구부정행위의 검증

    연구부정행위는 연구자가 속한 학문 분야에서 윤리적 또는 법적으로 비난받을 만한 행위인지 확인하고, 행위자의 고의, 연구부정행위 결과물의 양과 질, 학계의 관행과 특수성, 연구부정행위를 통해 얻은 이익 등을 종합적으로 고려하여 판단해야 한다(「연구윤리 확보를 위한 지침」 제12조). 특히 연구부정행위는 해당 행위 당시의 「연구윤리 확보를 위한 지침」 및 해당 행위가 있었던 시점의 보편적 기준을 고려해야 한다. 그리고 각 학문 분야에서 통상적으로 용인되는 범위를 심각하게 벗어난 행위를 판단하고자 할 때는 대학 등 연구자의 소속기관에서 금지되는 행위를 명문으로 정하고 있거나 연구자가 속한 학계에서 부정한 행위라는 인식이 널리 퍼져 있는지 등에 대해 고려하여야 한다.

    연구부정행위에 대한 제보가 접수되면 그에 대한 검증 책임은 해당 연구가 수행될 당시 연구자의 소속 기관에 있으며, 현재 연구자가 소속되어 있는 기관에서도 자료 제출, 조사 출석 등 검증에 협조하여야 한다. 또한 연구부정행위 의혹을 받는 해당 논문을 발간한 학술단체도 연구부정행위를 검증할 수 있다(「연구윤리 확보를 위한 지침」 제16조). 이때 해당 기관은 제보자와 피조사자의 권리를 보호하도록 노력해야 한다.

연구부정행위의 여부를 입증할 책임은 해당 기관의 조사위원회에 있지만 조사위원회가 요구한 자료를 피조사자가 고의로 훼손하거나 제출을 거부한 경우 그 책임은 피조사자에게 있다. 연구부정행위의 조사위원회는 제보자와 피조사자에게 의견진술, 이의제기 및 변론의 권리와 기회를 보장하여야 하며 반드시 관련 절차 및 일정을 사전에 알려 주어야 한다. 이 경우 피조사자에게는 해당 제보 내용을 함께 알려 주어야 한다(「연구윤리 확보를 위한 지침」 제17조).

연구부정행위의 검증 절차는 예비조사를 거쳐 본조사에서 판정으로 이루어지는데, 그 소요 기간은 6개월 이내이다. 그러나 판정이 어려울 경우 조사 기간이 더 길어질 수도 있다. 조사위원회는 본조사를 위해 위원장 1명을 포함한 5명 이상의 위원으로 구성한다. 조사위원회를 구성할 경우, 조사 위원 전체에서 외부인의 비율이 30% 이상이어야 하고, 조사 위원 중 해당 연구 분야의 전문가가 50% 이상으로 하되, 이 중 소속이 다른 외부 전문가 1인 이상이 반드시 포함되어야 한다. 본조사는 조사단계에서 변론단계, 결정단계로 이어진다. 조사단계에서는 피조사자의 면담이나 전문가 자문, 자료 검토 등이 이루어지고, 변론단계에서는 피조사자의 이의 제기 및 소명이 있다. 최종 결정단계에서는 마지막 조사결과가 도출되어 제보자와 피조사자에게 결정 내용을 통지해 준다.

"**판정**"은 해당 기관의 장이 조사결과를 확정하여 이를 제보자와 피조사자에게 문서로 통보하는 것이다. 예비조사 착수 이후 판정까지의 모든 조사는 6개월 이내에 종료하여야 한다. 단, 이 기간 내에 조사가 이루어지기 어렵다고 판단될 경우 해당 기관은 제보사실 이관기관, 제보자

공식적 조사 필요 여부를 결정하는 단계로
제보 접수일로부터 30일 이내에 착수함.
조사위원회에서 이해상충 관련자는 제척됨

① 제보접수 ▶ ② 예비조사 ▶ ③ 본조사
실시여부 ▶

**구술 · 서면 · 전화 · 전자우편 등의
방법으로 실명 제보된 사안 접수**

익명제보는 구체적인 증거(연구과제명,
논문명, 구체적인 연구부정행위 등이
포함된 증거)가 있을 경우 서면이나
전자우편으로 접수 가능함

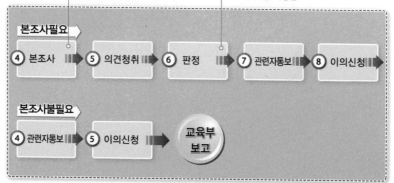

연구부정행위 사실 여부만
확인하는 것이 아니라, 행위의
심각성, 반복성 여부, 경위,
공동 연구자들의 역할 등에
대해 총체적으로 조사함

본조사의 최종 보고서를 바탕으로
연구부정행위 여부를 판정함.
제보자와 피조사자 모두 판정 후 30일
이내에 판정결과에 대하여 이의신청 및
재조사 요청 가능함

본조사필요

④ 본조사 ▶ ⑤ 의견청취 ▶ ⑥ 판정 ▶ ⑦ 관련자통보 ▶ ⑧ 이의신청 ▶

본조사불필요

④ 관련자통보 ▶ ⑤ 이의신청 ▶ 교육부
보고

[그림 4-1] 연구부정행위 검증 절차

출처: 이효빈 외(2019), pp. 22-23.

및 피조사자에게 그 사유를 통보하고 조사 기간을 연장할 수 있다. 판정 후 이의신청이 있는 경우에는 30일 이내에 서면으로 본조사위원회에 제출해야 한다. 제보된 내용이 본조사로 이어지지 않을 경우에는 제보자에게 10일 이내에 통보해야 한다([그림 4-1] 참조).

토론

1. 연구부정행위의 검증 절차 중 대면 질의 및 소명에 대해 논하기
2. 자신이 속한 기관에서의 연구부정행위 절차를 조사한 후 그에 대해 논하기

제5장

약탈적 학술지와 학회

1. 약탈적 학술지/학회 기여자 유형
2. 약탈적/부실 학술지 유형

1 약탈적 학술지/학회 기여자 유형

약탈적 혹은 기생적 학술지(predatory or fake journal)는 논문 게재료 탈취를 목적으로 학술지를 운영하며, 논문심사 없이 학술지에 게재하는 학술지(CRE 용어사전)로서 주제와 품질에 상관없이 돈만 내면 논문을 실어 주는 학술지 또는 저널을 말한다. 이러한 학술지에 논문을 투고하는 기여자는 다음의 세 가지 유형으로 분류할 수 있다.

〈표 5-1〉 약탈적 학술지/학회 기여자 유형

기여자 유형	주요 내용
순진한 기여자 (Naive contributors)	• 경험이 없거나 순진하거나 잘난 척하지 않는 사람들 • 약탈적 학술지나 학회에 표적이 될 수 있다는 인식 부족 • 궁극적으로 불이익을 당하고 평판에 손상이 간다는 것 인식
인식하는 기여자 (Cognizant contributors)	• 학계나 연구 쪽의 직업을 갖길 원하거나 이미 일하고 있는 사람들 • 약탈적 학술지・학회가 신뢰성이 부족하다는 사실을 알면서도 묵인 • 승진, 고용 등을 위해 이력서에 많은 실적을 올리고자 게재 및 참가

가짜 과학자
(Pseudo-
scientist)
	• 연구 및 학문에 대한 올바르지 않은 생각과 의심스러운 믿음을
	  지닌 사람들
	• 입증되지 않은 주장이나 결과, 불합리한 이론 등을 정당화하기
	  위해 악용

출처: Eaton, S. E. (2018), p. 3.

2 약탈적/부실 학술지 유형

1) 약탈적 학술지

논문이나 연구물은 연구자가 오랜 시간 노력을 기울여 과학적이고 체계적인 연구방법을 이용하여 연구를 수행함으로써 그 결과를 산출하여 기록한 산물이다. 이는 동료심사(peer review)를 통해 독창성, 정확성, 유용성 등이 있다고 판단된 것으로 이러한 논문이나 연구물을 발표하는 장이 학술지 혹은 저널이다. 그러나 돈만 내면 논문을 게재해 주는 약탈적 학술지(predatory journal)는 연구자들에게 논문을 적극적으로 요청하고 손쉽게 논문을 게시 또는 발표할 수 있다고 안내함으로써 연구자들의 연구물을 가로채 타 학술지에 투고하지 못하게 하여 연구환경을 악화시킨다.

(1) 약탈적 학술지의 특징(Eaton, 2018, p. 4).

- 비록 그런 척을 하지만 신뢰할 만한 학자, 학계 또는 기술 단체나 협회에서 운영되지 않고 연관성이 없다.
- 공공 기금이나 연구비를 받지 않는다.
- 스팸메일을 보낸다.
- 학술지의 높은 질을 자랑한다(학술지 매트릭스와 어디에 색인되어 있는지에 대해 거짓 주장을 한다).
- 다양한 학문 분야에 여러 학술지를 편집하는 편집장이 있다.
- 학술지가 색인되어 있는 곳(예: PUBMED 등)에 대해 허위 주장을 한다.
- 빠른 게재를 보장한다.
- 쉬운 동료심사 및 절차를 보장한다.
- 존경받는 정당한 학술지의 제목과 유사한 제목을 쓴다.
- 학술지 제목에 'International' 'World' 'Global' 'Universal' 등의 단어를 포함한다. 다만, 유명 학술지에도 이러한 단어들이 포함되는 경우가 있으므로 주의 깊게 확인해 보아야 한다.
- 다른 지역에서 게시되었으면서도 주요 도시(예: 런던, 뉴욕 등)에 본사를 두고 있다고 주장한다.
- 누가 이 학술지를 운영하는지 찾기 어렵다.

(2) 약탈적 학회의 특징(Eaton, 2018, pp. 5-6)

- 학회가 신뢰할 만한 학자나 과학단체 또는 협회가 아닌 영리집단에 의해 운영된다.
- 다양한 학술 주제 또는 학문 분야를 하나의 학회로 결합하거나, 서로 관련이 없고 다양한 학문 분야를 하나의 학회로 결합한 경우가 많다.
- 학회가 Gmail과 같은 무료 이메일 계정을 사용한다.

- 학회 주최자는 예비참석자에게 스팸메일을 보내 등록을 권장한다. 종종 이러한 스팸메일에는 학회의 명성이 얼마나 높은지에 대해 자랑하는 말들이 담겨 있다.
- 누가 이 학회를 주최하는지에 대한 정보가 불분명하거나 없다. 또는 주최자가 명성이 없거나 잘 알려져 있지 않다.
- 논문 초록이 짧은 시간 내(4주 미만)에 선정될 것임을 보장한다.
- 학회가 누구나 가고 싶어 하는 휴가지에서 열린다. 학회가 리조트나 인기 있는 관광지에서 열리며 학술 및 과학 학회가 아니라 휴가처럼 선전한다.
- 학회 이름은 믿을 만한 학회 또는 매우 유명한 학회와 유사하지만 미묘한 차이가 있다.
- 주최자는 논문을 투고한 연구자의 원고가 학회와 관련된 저널에 게재될 것임을 보장한다.
- 학회 웹사이트가 불안정하다. 지난 몇 년 동안 URL을 변경하거나 지난 학술대회에 대한 기록이 없다.
- 웹사이트의 본문에 문법이 잘못 되었거나 철자 오류가 많다.
- 비영리학회나 협회가 운영하는 학회 등록비에 비해 비싸다.

2) 부실학술지

부실학술지(hijacked journal)는 국제 유명 학술지를 발행하는 출판사의 인터넷사이트와 유사한 위조 사이트를 만들어 의도적으로 불특정 다수의 연구자에게 논문을 모집한다는 메일(call for papers)을 보내 아직 학술지에 대한 정보가 부족하거나 급하게 연구업적이 필요한 연구자들을 유혹하여 논문을 발행하는 학술지이다. 이 사이트의 학술지에 논문을 투고하면 연구자는 원하는 올바른 학술지에 논문을 투고할 수 없기 때문에 사전에 자신의 연구 분야에서 적합한 학술지를 파악해 두어야 한다. 간혹 이러한 학술지에 논문을 투고하였다가 연구자의 소속 기관에서 해당 학술지가 부실 학술지로 판정되면 소속 기관에 제출한 논문이 추후 취소되는 상황이 발생할 수도 있으므로 연구자는 각별히 주의해야 한다.

연구자는 자신이 공들여 작성한 논문을 투고하는 기관이 올바른 학회 및 학술지인지 알아본 후 연구결과물을 발표해야 한다. 이를 위해 연구자가 학술대회에서 논문을 발표하거나 작성한 연구논문을 투고할 경우에는 https://thinkcheckattend.org 혹은 https://thinkchecksubmit.org에서 확인할 필요가 있다. 뿐만 아니라, 연구자가 투고하고자 하는 학술지를 운영하는 학회가 의심스러운지 아닌지를 확인하는 체크리스트를 통해 자신의 연구결과물이 부실 학술지에 투고되지 않도록 주의해야 한다.

〈표 5-2〉 연구논문 투고 시 확인사항

질문	예/아니요/불확실	주의사항
이 학회에 대해 들어본 적이 있는가?		만약 학회 이름을 한 번도 들어본 적이 없다면, 등록할 때 조심해야 한다.
웹사이트와 이메일 주소는 합법적으로 보이는가?		이메일이 무료 계정(예: Gmail, Yahoo, Hotmail)을 사용했거나 웹사이트 URL이 무료 웹사이트라면 의심스러운 학회일 수 있다.
내가 존경하는 교수 또는 동료가 이 학회에서 발표한 적이 있는가?		만약 당신이 아는 사람 또는 존경하는 사람이 이 학회에 한 번도 발표한 적이 없다면 참석하기 전에 두 번 이상 생각해야 한다.
주최 측이 아첨하는 이메일을 보내는가?		학회 주최자가 아첨하는 이메일을 보낸다면 의심을 해 봐야 한다. 신뢰할 만한 학회는 생각을 공유(심지어 비판)하지만 당신의 자부심을 치켜세우진 않는다.

질문	예/아니요/불확실	주의사항
학회 주최 측은 이 학회가 권위 있는 학회라고 주장하는가?		신뢰할 수 있는 학회는 그들의 신뢰성을 정당화할 필요가 없다.
누가 이 학회를 주관하고 있는지 알고 있는가?		당신이 알고 신뢰하는 전문적인 학술 또는 과학기술 협회나 단체가 운영하는 학회가 아니라면 조심해야 한다.
주최자가 신속하게 수락을 보증하는가?		의심스러운 학회는 논문 초록에 대해 짧은 의사결정 시간을 보장한다.
주최자는 학회 논문을 학술지에 게재할 것을 보장하는가?		신뢰할 수 있는 학회는 동료평가 없이는 논문의 게재를 결코 보장하지 않는다.
학회가 리조트나 관광명소에서 열리는가?		만약 학회가 학문적인 학회로 선전하는 것이 아니라 휴가로 선전한다면 약탈적인 학회일 수 있다.
이 학회가 사실이라고 보기에 너무 좋은가?		이 기회가 사실이라고 보기에 너무 좋다면 약탈적 학회일 가능성이 있다. 신뢰할 만한 조언자와 상의해야 한다.

출처: Eaton, S. E. (2018), p. 7.

토론

1. 해당 전공분야의 약탈적 학술지나 부실학술지를 찾아보고 그 이유에 대해 논하기
2. 약탈적 학술지나 부실학술지에서의 모집 안내 메일 등에 대한 자신의 경험을 이야기하고 그에 대한 대처 방안 논하기

제6장

올바른 연구를 위하여

1. 연구윤리 확산의 어려움
2. 연구부정행위의 해악
3. 연구윤리 정착을 위한 노력
4. 연구부정행위 징계
5. 연구자의 사회적 책임

　　연구부정행위는 개인 연구자가 수년간 쌓아 온 명성과 업적을 일순간에 허물어뜨리는 결과만 유발하는 것이 아니라, 사회적 : 경제적 측면에서 국가적 명예 실추와 더불어 경제적 손실도 발생시킨다(강주섭, 2009, p. 17). 이러한 연구부정행위의 발생 이면에는 연구윤리가 확산되기 어려운 다양한 개인적·사회적 요인이 존재한다. 그러므로 연구자는 연구를 수행하여 산출한 결과를 연구자 개인의 문제라기보다는 관심 있는 사람, 즉 집단과 소통한다는 의식을 공유하여 연구결과를 객관적이고 공정하게 해석하고 전달해야만 한다(손순종, 2010).

1   연구윤리 확산의 어려움

- 연구공동체의 강한 집단응집력으로 인한 온정주의
- 연구윤리의 제도화 어려움
- 연구윤리 교육을 타율적인 의무로 간주하여 형식적인 교육으로 이어질 가능성
- 위·변조, 표절을 묵시적으로 강요하는 단기실적 주의
- 연구자가 자신의 연구결과를 집단과 공유하여 소통한다는 의식 부족
- 공동연구를 실시하기 이전에 연구의 책임 범위 모호
- 연구부정행위에 대한 솜방망이 처벌 만연
- 연구윤리 전문가 부족으로 인한 교육 부족
- 경제적 발전의 이윤 추구로 연구윤리에 대한 이해 부족 등

2   연구부정행위의 해악

- 개인의 잘못된 실험결과로 인한 사회적 피해
- 동료 연구자의 시간과 노력 소모
- 연구효율의 저하
- 연구공헌의 왜곡
- 과학공동체 내부의 불신 초래 및 동료 신뢰의식 붕괴
- 국민의 과학과 학계에 대한 불신으로 연구개발 위축
- 부적격한 연구자 양성
- 연구비의 낭비
- 국민의 경제적 손실과 혼돈 등

3 연구윤리 정착을 위한 노력

- 연구자 자신의 올바른 인용을 위한 노력 필요
- 연구자 간의 연구윤리의식 공유 및 소통 필요
- 책임 있는 연구를 위한 공동의 가치, 즉 정직성, 정확성, 효율성, 객관성 추구
- 연구자 자신의 연구윤리에 대한 가치관 정립
- 표절이 범죄라는 인식을 갖고 올바른 인용방법에 대한 지식 획득
- 논문발표에서의 연구진실성 지키기
- 과학자이자 과학공동체 일원으로서의 책임 인식하기
- 원저작자에게 정직하게 감사(인정)하는(acknowledge indebtedness) 태도 필요(이인재, 2007, p. 67) 등

4 연구부정행위 징계

연구부정행위에 대한 교원의 징계 처분으로는 파면, 해임, 강등, 정직, 감봉, 견책이 있으며, 기타 행정처분으로는 경고, 주의, 연구비 회수, 논문철회, 학위취소, 승진 및 임용 불이익, 성과급 및 보수반영 등으로 구분할 수 있다. 통상적으로 〈표 6-1〉, 〈표 6-2〉에 제시된 징계유형 외의 기타 행정처분은 각 대학별로 마련된 교원인사ㆍ복무규정, 연구윤리 관련 규정, 학칙 등에 근거한다. 최근 연구부정행위가 지속적으로 증가하고 있어 연구부정행위에 대한 징계시효는 기존 3년에서 10년으로 확대

되었다.「교육공무원법」제52조(법률 제20377호) 및 「사립학교법」제66조의 4(법률 제20666호)].

〈표 6-1〉 교원유형별 징계관련 법령

사립학교 교원	국공립학교 교원
• 「사립학교법」 제61조~제67조 • 「사립학교법 시행령」 제25의2~제25조의 4 • 「사립학교 교원 징계규칙」(「징계기준은 교육공무원 징계양정 등에 관한 규칙」 적용)	• 「교육공무원법」 제50조~제52조 • 「국가공무원법」 제78조 • 「공무원 징계령」, 「공무원 징계령 시행규칙」, 「교육공무원 징계령」 • 「교육공무원 징계양정 등에 관한 규칙」 (별표 징계기준) • 「공무원 비위사건 처리 규정」

출처: 한국연구재단(2021), p. 7.

〈표 6-2〉 교육공무원 연구부정행위 등에 따른 징계기준

비위의 정도 및 과실 / 비위의 유형	비위의 정도가 심하고 고의가 있는 경우	비위의 정도가 심하고 중과실인 경우 또는 비위의 정도가 약하고 고의가 있는 경우	비위의 정도가 심하고 경과실인 경우 또는 비위의 정도가 약하고 중과실인 경우	비위의 정도가 약하고 경과실인 경우
자. 연구부정행위	파면	해임	해임-강등-정직	감봉-견책

※ 출처: 「교육공무원 징계양정 등에 관한 규칙」 [별표] 〈개정 2024. 6. 28.〉 징계기준(제2조 제1항 관련)

〈표 6-3〉 대학 연구부정 판정에 따른 행정처분 및 징계관련 법령

구분	연구윤리 관련 법령	교원 징계 관련 법령
법률	• 「학술진흥법」 • 「국가연구개발혁신법」	• 「사립학교법」 • 「국가공무원법」 • 「교육공무원법」
대통령령	• 「학술진흥법 시행령」 • 「국가연구개발혁신법 시행령」	• 「사립학교법 시행령」 • 「공무원 징계령」 • 「교육공무원 징계령」
총리령		• 「공무원 징계령 시행규칙」
부령	• 「국가연구개발혁신법 시행규칙」	• 「교육공무원 징계양정 등에 관한 규칙」 • 「사립학교 교원 징계규칙」
행정규칙	• 「연구윤리 확보를 위한 지침」	• 「공무원 비위사건 처리 규정」

출처: 한국연구재단(2021), p. 9.

[그림 6-1] 연구부정행위 시 논문 철회의 예

5   연구자의 사회적 책임

연구자는 해당 분야의 전문가로서 독점적 지위를 가지면서 연구수행 과정과 결과에서 문화적, 사회적 편향성을 내포할 수 있으며, 그 결과는 인류 삶의 전 분야에서 막대한 영향력을 미칠 수 있다. 또한 연구자는 연구수행 중 의도하지 않은 결과가 나올 가능성도 배재할 수 없으므로 연구자로서의 사회적 책임도 고려해야 한다. 사회적 책임과 관련하여 연구자는 연구활동 및 결과가 공공적 성격을 지니고 있음을 인식하고, 모든 연구 수행과정에서 전문성, 안전성, 공공성을 추구하도록 노력해야 한다(이효빈 외, 2019, p. 16). 따라서 연구자는 연구의 전 과정에서 부주의(carelessness), 무능력(incompetence), 자기기만(self-deception)을 배제하여 전문성, 안정성, 공공성을 고려해야 한다.

- **전문성**: 과학연구는 전문적 식견을 필요로 하므로 일반인들이 연구자들의 전문성을 믿고 그 결과를 신뢰할 수 있어야 한다.
- **안정성**: 연구결과로 산출된 결과물을 인간의 삶의 질과 복지 향상 및 환경 보전에 기여할 수 있도록 안전하게 활용할 수 있어야 한다.
- **공공성**: 연구비는 공공부문에서 나오므로 개인이 연구를 수행하더라도 그 과정이나 결과는 공공의 이익에 부합해야 한다.

연구자인 전문가는 인류공동체를 위한 책임이 있으므로 연구를 수행함에 있어 윤리적 절차를 준수해야 하고, 정확하고 공정하게 연구결과를 발표해야 하며, 연구성과를 공평하게 배분해야 하고, 연구결과의 사회적 영향력을 고려해야만 한다. 이러한 연구자의 올바른 연구윤리 수행을 위해 Shamoo와 Resnik은 연구자가 지켜야 할 16가지 원칙을 제시한 바 있다(〈표 6-4〉 참조).

〈표 6-4〉 연구자가 지켜야 할 연구윤리 원칙

연구윤리 원칙	내용
정직성 (Honesty)	• 데이터나 연구결과, 방법과 절차, 출판 상황, 참여자의 기여도, 이해상충의 가능성 등에 대해 정직하게 보고해야 한다. • 논문, 보고서, 연구비 신청서 등에서 데이터를 날조, 변조하거나 왜곡하여 제시해서는 안 된다. • 연구과정의 모든 측면에서 객관적이고 비편향적이며 정직해야 한다. • 동료, 연구 지원기관 또는 대중을 기만하지 말아야 한다.
객관성 (Objectivity)	• 실험 설계, 데이터 분석, 데이터 해석, 동료 검토, 인사 결정, 연구비 작성, 전문가 증언 및 객관성이 요구되는 연구의 다른 측면에서 편견을 지니지 않도록 노력해야 한다. • 편견이나 자기기만을 없애거나 최소화해야 한다. • 연구에 영향을 줄 수 있는 개인적 또는 재정적 이해관계를 공개하여야 한다.
진실성 (Integrity)	• 연구자 서약서에 맞추어 진실되고 일관되게 생각과 행동을 실천해야 한다.
주의 깊음 (Carefulness)	• 본인 및 동료의 연구 수행과정이나 결과 제시과정에서 오류가 발생하지 않도록 주의를 기울여야 한다. • 데이터 수집, 실험디자인, 연구대상자 동의 확보, 논문투고 후 교신 등의 연구활동에서 철저히 기록을 남겨야 한다.
개방성 (Openness)	• 데이터, 결과, 방법, 아이디어, 기법, 도구, 재료 등을 공유해야 한다. • 다른 연구자들의 비판을 수용하는 한편, 새로운 아이디어에 대해서도 열려 있어야 한다.
지식재산의 존중 (Respect for Intellectual Property)	• 특허, 저작권 등 지식재산을 존중해야 한다. 타인의 발표되지 않은 데이터, 방법 또는 결과를 허가 없이 사용해서는 안 된다. • 인용할 경우 출처를 밝혀야 하며, 표절해서는 안 된다.
비밀준수 (Confidentiality)	• 논문심사와 연구비 제안서 등은 물론, 기업과 군사의 기밀사항, 연구대상자의 개인기록에 대해 보안을 유지해야 한다.

연구윤리 원칙	내용
책임 있는 출판 (Responsible Publication)	• 논문 등은 개인의 경력을 향상시키기보다는 학문적·사회적 발전을 위하여 출판하여야 한다. • 낭비적이고 중복된 발행물은 출판하지 말아야 한다.
책임 있는 멘토링 (Responsible Mentoring)	• 차세대 연구자들을 교육하고, 조언하며, 도와야 한다. • 차세대 연구자들의 복지를 증진하고 스스로 결정할 수 있도록 지도해야 한다.
동료에 대한 존중 (Respect for Colleagues)	• 동료, 학생, 부하 연구자를 존중해야 한다. 동료에게 해를 가하지 말고, 공정히 대우해야 한다. 성, 인종, 종교 등 과학적 소양과는 무관한 이유로 동료를 차별해서는 안 된다.
사회적 책임 (Social Responsibility)	• 연구, 컨설팅, 전문가 증언, 대중교육과 적극적 지지를 통해서 사회적으로 좋은 결실이 산출될 수 있도록 해야 한다.
비차별성 (Non- Discrimination)	• 과학적 역량 및 성실성과 관계없는 성, 인종, 민족성, 종교 등을 이유로 동료나 학생, 부하 연구자를 차별해서는 안 된다.
능력 함양 (Competence)	• 평생교육과 학습을 통해 연구자의 전문 역량과 전문성을 유지하고, 향상시키며 전체 과학 발전을 위하여 노력해야 한다.
준법성 (Legality)	• 연구활동에 적용되는 법규 및 기관의 규정을 숙지하고 준수해야 한다.
동물관리 (Animal Care)	• 동물을 적절한 존중과 보살핌으로 다루어야 한다. • 동물을 대상으로 필요하지 않거나 제대로 계획하지 않은 실험을 해서는 안 된다.
연구대상자 보호 (Human Participants Protection)	• 인간을 대상으로 연구를 수행할 때, 위험을 최소화하고 이익을 극대화해야 한다. • 인간의 존엄성, 사생활, 자율권을 존중해야 한다. • 취약한 연구대상자에 대해 특별한 주의를 기울여야 한다. • 연구의 편익과 부담을 공정하게 분배하기 위하여 노력 해야 한다.

출처: Shamoo, A., & Resnik, D. (2015). Responsible conduct of research (3rd Ed.). New York: Oxford University Press); 한림대학교의료원 중앙임상의학연구소 임상연구보호실. 윤리적 연구. https://research.hallym.or.kr/hrpp/hallymuniv_sub.asp?screen=ptm221에서 2024. 11. 10. 인출, 재인용.

〈표 6-5〉 연구부정행위 자가 체크리스트

구분	내용	예	아니요
위조	연구수행 과정에서 존재하지 않는 데이터 또는 결과 등을 거짓으로 만들거나 기록한 사실이 없는가?		
변조	연구수행 과정에서 데이터 또는 결과 등을 임의로 사실과 다르게 변형, 삭제, 왜곡하여 기록한 사실이 없는가?		
표절	이미 발표된 타인의 독창적인 아이디어나 연구성과물을 활용하면서 출처를 정확하게 표기하였는가?		
	일반적 지식이 아닌 타인의 독창적인 개념, 용어, 문장, 표현, 그림, 표, 사진, 영상, 데이터 등을 활용하면서 출처를 정확하게 표기하였는가?		
	타인의 연구성과물을 그대로 쓰지 않고 풀어쓰기(paraphrasing) 또는 요약하면서(summarizing) 출처를 정확하게 표기하였는가?		
	외국어 논문이나 저서를 번역하여 활용하면서 출처를 정확하게 표기하였는가?		
	2차 문헌을 활용하면서 재인용 표기를 하지 않고 직접 원문을 본 것처럼 1차 문헌에 대해서만 출처를 표기하였는가?		
	출처 표기를 제대로 했으나, 인용된 양 또는 질이 해당 학문 분야에서 인정하는 범위 이내라고 확신할 수 있는가?		
	타인의 저작물을 여러 번 인용한 경우, 모든 인용 부분에 대해 정확하게 출처를 표기하였는가?		
	타인의 저작물을 직접 인용할 경우, 적절한 인용표기를 하였는가?		

구분	내용	예	아니요
부당한 저자 표기	연구에 지적 기여를 한 연구자에게 저자의 자격을 부여하였는가?		
	연구에 지적 기여를 하지 않은 연구자에게 저자의 자격을 부여하였는가?		
	저자들의 표기 순서와 연구기여도가 일치하는가?		
부당한 중복게재	자신의 이전 저작물을 활용하면서 적절한 출처 표기를 하였는가?		
	자신의 이전 저작물을 여러 번 활용하면서 모든 인용 부분에 대해 정확하게 출처 표기를 하였는가?		
	자신의 이전 저작물을 활용하면서 출처 표기를 제대로 했으나 인용된 양 또는 질이 해당 학문 분야에서 인정하는 범위 이내라고 확신할 수 있는가?		
연구 부정행위 조사방해	본인 또는 타인에 대한 연구부정행위 조사를 고의로 방해한 일이 없었는가?		
	제보자 또는 피조사자에게 위해를 가한 일이 없었는가?		

※ 모든 질문항목에 대한 대답이 '예'가 되어야 함.
출처: 이효빈 외(2019), pp. 12-13.

토론

1. Shamoo와 Resnik이 제시한 16가지 연구윤리 원칙을 지키기 위한 각자의 노력에 대해 논하기
2. 각자의 위치에서 '책임 있는 멘토링'과 '동료에 대한 존중'에 대해 논하기

강주섭(2009). 과학연구윤리와 대학의 역할. 한양대학교 전문직윤리연구소 연구
　　윤리 워크숍 발표자료. https://www.cre.or.kr/article/educations/138
　　2470에서 2010. 5. 15. 인출.

경제·인문사회연구회(2020). 국책연구기관 연구윤리 평가 사례 2020. 대전:
　　경제·인문사회연구회.

기획재정부 보도 참고 자료(2024. 6. 18.). 2024년 국제경영개발대학원(IMD)
　　국가경쟁력 평가 결과, 한국은 67개국 중 20위로 역대 최고 기록.
　　대전: 기획재정부.

김옥주(2007). 외국의 연구윤리 실천 현황. 제1회 2007 연구윤리포럼: 올바른
　　연구실천의 방향과 과제, 9-47.

김항인(2014). 연구윤리: 올바른 인용과 보완. 제5회 오산대학교 연구윤리 워크
　　숍자료집.

대한가정학회(2010). 올바른 학술적 글쓰기를 위한 연구윤리의 이해. 서울: 대한가
　　정학회.

박문수, 김재현, 백승민, 홍정의, 김해도(2020). 대학교원의 연구윤리 인식 조사
　　에 관한 연구. NRF ISSUE REPORT, 9호.

박영배. 학문과 연구윤리: 도덕성과 자기규제를 향한 윤리규범의 정착을 위하여.
　　http://www.grp.or.kr/index.jsp?m1=3&m2=9에서 2017. 2. 15. 인출.

손순종(2010). 연구윤리와 연구결과의 소통: 교수행위와 연구윤리. 한국학술단
　　체총연합회 2010년 제1차 연구윤리포럼 발표집, 33-51.

엄창섭, 이원용(2021). 연구진실성 연구윤리 업무 매뉴얼. 오창: 국가과학기술인력
　　개발원.

연구윤리정보센터 모바일 앱 인포그래픽. https://www.cre.re.kr/bbs/BoardDet
　　ail.do?nttId=876&bbsId=BBSMSTR_000000000073&pageIndex=1에
　　서 2024. 11. 10. 인출.

영국출판윤리위원회(COPE). https://publicationethics.org/getting-started에서 2024. 11. 1. 인출.

윤철희(2023). 건전한 학술활동. 2023 연구윤리 검증전문가 양성 워크숍 자료집.

이인재(2007). 인문사회 분야 표절 해결 방안. 제1회 2007 연구윤리포럼: 올바른 연구 실천의 방향과 과제, 51-71.

이인재(2010). 교수, 강사, 연구원의 연구 논문 작성시의 표절과 중복게재 문제를 해결하기 위한 윤리의식 강화 방안. 충청지역 연구윤리 강화를 위한 학술대회: 연구윤리교육 체제구축 방향과 과제.

이인재(2016). 연구윤리의 이해. 호서대학교 연구윤리특강 자료집.

이효빈, 조진호, 엄창섭, 이인재(2019). 신진연구자를 위한 연구윤리 첫걸음. 대전: 한국연구재단.

정종진, 최선경, 하병학(2014). 학습윤리 가이드. 오창: 국가과학기술인력개발원.

최성우(2017. 3. 9.). 자살로 막을 내린 논문 조작. scieng.net에서 2024. 10. 4. 인출

최훈, 신중섭(2007). 연구부정행위와 연구규범. 과학철학, 10(2), 103-126.

포항공대 생물학연구정보센터(2012. 6.). http://bric.postech.ac.kr/에서 2012. 6. 30. 인출

학술단체총연합회(2009). 연구윤리지침. 서울: 학술단체총연합회.

한국연구재단(2011). 연구윤리의 이해와 실천. 대전: 한국연구재단.

한국연구재단(2013). 학습윤리의 가이드라인: 해설. 대전: 한국연구재단.

한국연구재단(2019). 윤리적인 연구출판을 위한 국제규범. 대전: 한국연구재단.

한국연구재단(2021). 대학 연구부정 징계 사례집. 대전: 한국연구재단.

한국연구재단(2022). 부실 학술활동 예방하기. 대전: 한국연구재단.

한림대학교의료원 중앙임상의학연구소 임상연구보호실. 윤리적 연구. https://research.hallym.or.kr/hrpp/hallymuniv_sub.asp?screen=ptm221에서 2024. 11. 10. 인출.

함창곡(2007). 이중게재의 문제와 과제. 제1회 2007 연구윤리포럼: 올바른 연구
실천의 방향과 과제.

CRE 용어사전. https://www.cre.re.kr/bbs/BoardDetail.do?nttId=876&bbsId=
BBSMSTR_000000000073&pageIndex=1에서 2024. 10. 18. 인출.

Eaton, S. E. (2018). 약탈적학술지와 학회 예방 가이드(요약). 대전: 한국연구재단.

Shamoo, A., & Resnik, D. (2015). *Responsible conduct of research* (3rd Ed.).
New York: Oxford University Press.

Singapore Statement on Research Integrity. https://starlibrary.org/common/fil
e/ethicGuide1.pdf(번역: STEPI 박기범 연구위원) 2024. 11. 6. 인출.

U. S. Department of Health and Human Services

TV조선 뉴스와이드 활(2013. 3. 7.). '논문 표절' 서울대 교수 첫 사직. https://
broadcast.tvchosun.com/news/newshwal/ch19.cstv?programDiv=1
0&programId=C201200187에서 2024. 11. 14. 인출.

YTN(2015. 11. 24.). "학자라는 가면을 쓴 절도범" … '표지갈이' 교수 무더기
적발. https://www.ytn.co.kr/_ln/0103_201511241645312172에서 202
4. 11. 14. 인출.

머니투데이(2014. 12. 28.). R&D 자금 부정사용 기업·개인 3억 5000만원
'철퇴'. https://news.mt.co.kr/mtview.php?no=2014122814394324682
에서 2024. 11. 14. 인출.

이투데이(2015. 11. 26.). 열여덟 송유근에게 "11살로 돌아간다면?". https://
www.etoday.co.kr/news/view/1241967에서 2024. 11. 14. 인출.

이투데이(2016. 5. 6.). 옥시 영국 본사 찾은 가습기 살균제 피해자들 … CEO
"개인적 유감". https://www.etoday.co.kr/news/view/1326234에서 2024.
11. 14. 인출.

조선일보(2014. 6. 23.). 국내 대학 논문 부정 행위, 43%가 '표절'. https://www.
chosun.com/site/data/html_dir/2014/06/23/2014062300153.html에
서 2024. 11. 14. 인출.

「고등교육법」 [법률 제20662호]

「교육공무원법」 [법률 제20377호]

「국가연구개발혁신법」 [법률 제20057호]

「국가연구개발혁신법 시행령」 [대통령령 제35134호]

「국가연구개발혁신법 시행규칙」 [과학기술정보통신부령 제121호]

「교육공무원 징계양정 등에 관한 규칙」 [교육부령 제331호]

「사립학교법」 [법률 제20666호]

「연구윤리 확보를 위한 지침」 [교육부훈령 제449호]

「학술진흥법」 [법률 제17954호]

네이버국어사전

연세한국어전자사전

CRE 용어사전

제2부

기관생명윤리위원회 (IRB)

제7장

생명윤리의 이해

1. 생명윤리의 이해
2. 인간대상연구
3. 사회행동과학연구에서의 위험
4. 기관생명윤리위원회의 설치 배경

1 생명윤리의 이해

19세기 프랑스의 생리학자인 C. Bernard는 『실험의학 서설』에서 인간을 대상으로 하는 연구가 필요하지만 윤리적인 이유로 인간을 대상으로 하는 연구는 불가하다는 점을 천명한 바 있다. 그러나 인간대상연구의 불가함은 나치(Nazi)의 유대인 실험과 일본의 731부대 실험 등으로 무너졌다. 특히 제2차 세계대전 중 독일의 의사와 과학자뿐만 아니라 군인들이 자행한 유대인 대상의 실험은 전쟁 후 인민 몰살, 추방, 집단살해에 대한 '인도(人道)에 관한 죄'에 대한 명목으로 독일의 뉘른베르크(Nuremberg)에서 국제군사재판을 실시하게 한 요인이 되기도 하였다.

연구자는 연구를 수행함에 있어 인간을 대상으로 하는 경우 인간의 복지와 권리를 침해하지 않는 범위에서 연구를 진행해야만 한다. 연구에 참여하는 연구대상자인 인간의 복지와 권리는 인간의 존엄성과 관련되는 문제로서 연구윤리와 다르게 생명윤리로 다룬다. 생명윤리(bioethics)라는 용어는 1970년대 등장하였다. 이는 생명과 관련된 행위에 있어 마땅히 지켜야 하는 원칙과 도리이다(최경석, 김은애, 유수정 외, 2023, p. 15). 그에 따라 연구자는 연구에 참여하는 연구대상자 혹은 피험자의 신체뿐만 아니라 개인정보 등을 안전하게 보호해야 하고, 특히 취약한 연구대상자를 보호하려는 노력을 기울여야 한다. 또한 연구자는 인간대상연구를 수행할 때 인간의 존엄성을 확보하고, 자율적인 상황에서 정당한 방법으로 연구대상자의 동의를 통해 연구대상자를 모집하고, 연구대상자를 위험으로부터 보호해야 한다.

[그림 7-1] 생명윤리의 이해

출처: 국가생명윤리정책원(2018), p. 11.

인간대상연구1) 중 사회행동과학(social and behavioral research: SBR) 연구는 인간 사회 자체에 관한 연구, 개인이 사회 안에서 또는 사회와 관련한 연구로서 연구의 실체적 분야(substantive areas)를 중시한다. 사회 행동과학연구는 연구대상자인 인간을 대상으로 사회행동적 기능의 일반 원리를 탐색하면서 발달과정과 평생 관점을 중요시하고, 개인적 변이 (variations)뿐만 아니라, 성, 연령, 사회문화적 지위와 같은 사회인구학적 범주 상호 간 변이와 행동에 관한 사회적 · 생물학적 맥락을 중시한다. 이러한 연구를 위해 주로 설문조사, 면접(interview), 관찰, 행동실험, 빅 데이터(big data) 혹은 패널 데이터(panel data) 등의 대규모 데이터베이스 (database) 자료의 분석, 인터넷, 모바일(mobile) 기기 등을 이용한 자료 의 수집 및 분석, 양적 및 질적 자료의 통합분석 등 다양한 자료수집 방법과 분석 방법을 활용한다. 사회행동과학연구는 인간에 대한 직 · 간 접적 개입이 이루어지고, 대부분 최소한의 위험 수준 이하에서 연구가 진행되지만, 심각한 위험을 초래할 수도 있다. '최소한의 위험(minimal risk)'이란 연구로 인하여 예상되는 해악 또는 불편의 가능성 및 정도가 일상생활에서 또는 일상적인 신체적 · 심리적 검진 또는 검사를 행할 때 통상 나타나는 것보다 크지 않은 경우를 의미한다(보건복지부, 질병관리본 부, 2013. 2, p. 31). 특히 사회행동과학연구는 연구방법마다 다른 윤리 적 · 과학적 측면을 중요하게 고려하는데, 사생활(privacy) 보호, 비밀보장 (confidentiality), 익명성(anonymity)이 핵심적 고려 사항이라고 할 수 있다.

---

1) 그 범위가 매우 넓어 여기서는 사회행동과학분야에서의 인간대상연구로 제한하고자 한다.

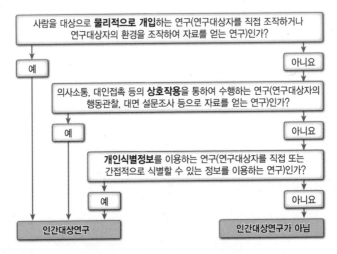

사람을 대상으로 **물리적으로 개입**하는 연구(연구대상자를 직접 조작하거나
연구대상자의 환경을 조작하여 자료를 얻는 연구)인가?

예

아니요

의사소통, 대인접촉 등의 **상호작용**을 통하여 수행하는 연구(연구대상자의
행동관찰, 대면 설문조사 등으로 자료를 얻는 연구)인가?

예

아니요

개인식별정보를 이용하는 연구(연구대상자를 직접 또는
간접적으로 식별할 수 있는 정보를 이용하는 연구)인가?

예

아니요

인간대상연구

인간대상연구가 아님

[그림 7-2] 인간대상연구의 해당 여부

출처: 김용우(2013. 5. 21.), p. 23.

1) 사생활 보호

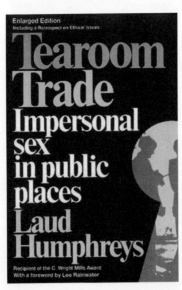

[그림 7-3] Tearoom Trade 표지

인간은 누구나 자신의 개인적인 정보를 공유하지 않으려는 권리가 있다. 만일 자신의 개인적인 정보가 원하지 않게 유출되어 사생활이 공개될 경우 개인은 자아통제력이 상실될 수 있으며, 이로 인해 불안감 등이 고조되어 일상생활을 유지하는 데 어려움이 있을 수 있다. 이러한 사생활 침해와 관련한 대표적인 예로 L. Humphreys가 동성애자들을 대상으로 실시한 연구를 들 수 있다.

Humphreys는 연구목적을 밝히지 않은 채 남성 동성애자들의 동의 없이 이들의 자동차 번호판을 추적해서 면접하여 연구결과를 발표하였다. 이후 이 연구는 연구대상자들의 사생활 침해뿐만 아니라, 연구대상자들을 기만했다는 비판을 받았다(Wikipedia).

2) 비밀보장

연구자는 연구대상자로부터 동의를 받아 수집한 개인정보뿐만 아니라 관련한 모든 정보를 누설하지 않을 의무가 있다. 이를 이해 연구자는 수집한 자료를 익명화하거나, 개인식별정보를 영구 삭제하거나, 고유식별기호를 사용하는 등의 다양한 방법을 통해 연구대상자의 비밀보장(confidentiality)을 위해 최선을 다해야 한다. 연구대상자의 개인정보가 공개되면 재정, 고용, 명성 등에 악영향을 미치거나 민·형사소송과 관련될 수 있으므로 연구자는 연구대상자의 개인정보가 외부로 유출되지 않도록 각별히 주의를 기울여야 한다.

3) 익명성

익명성(anonymity)은 수집된 정보의 연구대상자를 식별할 수 없도록 하거나 처음부터 연구대상자를 식별할 수 없도록 자료를 수집하는 것이다. 연구대상자는 「개인정보 보호법」, 「생명윤리 및 안전에 관한 법률」 등에 따라 법적인 보호를 받을 수 있으므로 연구자는 꼭 필요한 정보가 아니면 개인식별정보를 수집하지 않는 것이 바람직하다. 연구대상자를 식별할 수 있는 정보의 예로는 성명, 주소, 소속기관(고용주)의 이름·주소, 생년월일, 사망일 등, 전화나 팩스 번호, 이메일 주소, IP 주소 번호, 주민등록번호, 회원번호, 환자 등록번호, 은행계좌, 자격증이나 면허번호, 자동차 종류나 등록번호, 지문이나 목소리, 얼굴 사진이나 얼굴을 알아볼 수 있는 이미지 등으로 매우 다양하다.

3 사회행동과학연구에서의 위험

사회행동과학연구는 종종 위험이 과소평가되는 경우가 있다. 또한 사회행동과학연구는 속임수(deception)를 사용하는 경우도 있어 연구 후에 반드시 재동의를 받아야만 할 때가 있다. 이를 위해 연구자는 연구대상자 및 가족, 사회집단, 지역사회, 민족 집단 및 전체 사회에 다양한 위험이 존재할 수 있음을 인지해야 한다. 뿐만 아니라, 연구대상자가 자신의 권리와 안전에 대해 스스로 방어하거나 책임질 수 없는 경우가 다수 발생할 수 있으므로 연구자는 미래 발생할 수 있는 위험에 대해서도 대비하여야 한다. 사회행동과학연구는 침습 등의 방법을 사용하여 직접 연구대상자에게 어떤 자극을 가하지는 않지만 연구대상자에게 발생할 수 있는 위험은 매우 다양하다. 따라서 연구자는 다양한 방법의 부정적 효과와 위험을 최소화하도록 연구를 설계하고, 연구대상자의 삶의 질을 고려하여 연구를 진행할 수 있도록 최선의 노력을 기울여야 한다.

첫째, 사회행동과학연구에서는 '**심리적 위험**'이 존재한다. 심리적 위험은 연구대상자가 연구에 참여함으로써 경험할 수 있는 일시적인 근심과 우울, 스트레스, 행동장애의 재발과 촉진, 죄책감, 혼란, 바람직하지 않은 감정변화 등을 들 수 있다. 심리적 위험과 관련한 대표적인 연구로 미국의 예일대학교에서 진행된 S. Milgram 연구(1963)를 들 수 있다.

Milgram은 나치의 잔혹성을 경험한 후 인간이 권위에 대해 얼마나 복종하는지를 알고자 연구를 계획하여 실시하였다. 실제 수행하는 연구는 권위에 대한 복종 실험이었지만 그는 연구참여자들에게 '징벌에 의한 학습 효과'를 측정하는 실험이라고 속이고 실험에 참여할 사람을 모집하였다. 그는 모집된 연구대상자들을 교사와 학습자로 나눈 후 기만연구(deceptive study)를 진행하였다. 실험과정은 학습자 역할의 피실험자를 의자에 묶고 양쪽에 전기충격장치를 연결한 후, 교사가 학습자에게 문제를 내고 학습자가 틀리면 교사가 학습자에게 15~450V에 이르는 전기충격을 가할 수 있도록 하였다. 그 결과, 실험자가 교사에게 450V의 전기충격장치를 누르라고 했을 때 이를 누른 연구대상자가 65%에 달했다. 이는 모두 가짜인 실험 상황에서 진행되었으나 연구에 참여한 사람 중에는 실험 상황을 진짜로 인식하여 실험 후 상당한 심리적 어려움을 경험

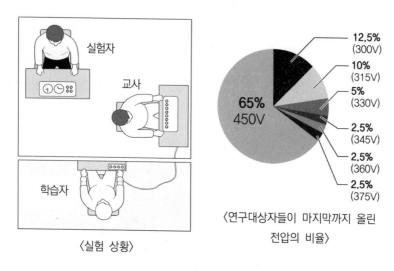

〈실험 상황〉

12.5%
(300V)

10%
(315V)

5%
(330V)

2.5%
(345V)

2.5%
(360V)

2.5%
(375V)

65%
450V

〈연구대상자들이 마지막까지 올린 전압의 비율〉

[그림 7-4] S. Milgram 연구

출처: Wikipedia. 밀그램실험.

하기도 하였다. 실험 후 그는 「복종에 관한 행동 연구」(1963)라는 논문을 발표하였는데 이는 비윤리적 연구로서 미국 사회에 큰 반향을 일으켰다.

연구에 속임수를 사용할 수 있지만 속임수와 관련한 연구는 연구대상자로부터 충분한 설명에 의한 동의(informed consent) 획득을 어렵게 하므로 속임수의 사용은 과학적·윤리적으로 타당해야 하고, 반드시 기관생명윤리위원회(IRB)의 승인을 받아야만 한다. 또한 속임수 연구에서 연구대상자의 진정한 반응과 참여를 촉진하기 위해 응답을 얻은 후에는 연구대상자에게 즉시 진정한 연구목적과 내용을 알려 주고 재동의를 받아야 한다. 재동의를 받지 못한 속임수 연구의 응답결과는 사용할 수 없다. 뿐만 아니라, 연구대상자를 등록하기 위한 목적으로 속임수를 사용하는 것도 허용되지 않는다.

둘째, 사회행동과학연구는 왕따, 낙인, 지위 상실, 사생활 노출 등의 **'사회적 위험'**을 수반할 수 있다. 예를 들면, 학급 내 경제적 수준이 낮거나 학업 성적이 낮은 학생들만을 대상으로 연구할 경우 학급 내 다른 학생들이 이를 인지할 수 있어 연구대상 학생들의 익명성을 보장하기가 어려울 수 있다. 이런 경우 연구에 참여한 학생들이 왕따를 당하거나 낙인감을 경험할 수 있다.

셋째, 사회행동과학연구는 실직, 고용능력 저하, 경제적 불이익 등의 **'경제적 위험'**을 수반할 수 있다. 예를 들면, 회사 내의 상사에 대한 이해도 등을 알아보는 연구에서 상사에 대한 불만 등이 드러나는 경우에 부하 직원에게 불이익이 발생할 수 있다.

넷째, 사회행동과학연구는 체포, 민·형사상의 책임을 수반할 수 있어 **'법적 위험'**에 처할 수 있다. 예를 들면, 가출 청소년을 대상으로 연구할 경우, 연구대상자로 참여한 가출 청소년 중에는 절도 등으로 수배 중인 경우도 있을 수 있다. 그리하여 연구에 참여한 연구대상자가 법적인 위험에 처할 수도 있다.

다섯째, 사회행동과학연구는 사망, 고통, 이상반응(부작용), 침습적 처치에 의한 손상, 출혈 등 상해 혹은 질병을 초래할 가능성이 있는 '**육체적 위험**'에 처할 수도 있다. 실제로 국내의 모 대학교에 재직 중인 교수가 연구대상자로부터 근육조직을 조금 떼어 내어 실험하는 연구를 진행하면서 교내 학생들을 모집하였다. 그 결과, 200여 명의 대학생들이 지원하였는데 그중 한 학생이 신경을 다쳐 평생 운동을 할 수 없게 된 경우가 발생하기도 하였다.

4 기관생명윤리위원회의 설치 배경

기관생명윤리위원회(Institutional Review Board: IRB)를 설치하게 된 배경에는 여러 가지 요인이 작용했지만, 뉘른베르크 강령(Nuremberg Code, 1947), 헬싱키 선언(Declaration of Helsinki, 1964), 『벨몬트 보고서』(Belmont Report, 1979)가 상당한 영향을 미쳤다.

1) 뉘른베르크 강령

뉘른베르크 강령(Nuremberg Code)은 제2차 세계대전 중 인간에게 해서는 안 될 생체 실험을 실시한 나치 전범 재판 후 법원이 발표한 것이다. 뉘른베르크 강령은 '의학 실험이 충족시켜야 할 10가지 필수 요소

(permissible medical experiments)'라고 하여 연구대상자의 자발적 동의 (voluntary consent)와 충분한 정보에 근거한 동의(informed consent)가 반 드시 필요하고, 실험은 과학적으로 자격을 갖춘 자에 의해서만 행해야 하며, 실험 시 연구대상자에게 가해지는 모든 불필요한 신체적, 정신적 고통과 침해를 피해야 한다는 등의 내용을 담고 있다(국가생명윤리정책원 자료실).

2) 헬싱키 선언

헬싱키 선언(Declaration of Helsinki)은 뉘른베르크 강령의 영향을 받 아 '제18차 세계의사협회(World Medical Association) 총회'에서 채택한 인간 대상 의학 연구윤리 원칙이다. 헬싱키 선언은 '치료적 실험'과 '비 치료적 실험'을 구분하면서 건강한 피험자에 대한 실험에서 지켜야 할 윤리적 원칙을 환자를 대상으로 하는 실험에서도 준수해야 한다는 점 을 명시하였다. 헬싱키 선언에서는 연구를 시작하기 전에 연구자는 연 구계획서를 관련된 독립적인 연구윤리위원회에 제출하여 심의를 받아 야 하고, 과학적·사회적 이익보다 연구대상인 사람의 안녕이 우선적으 로 고려되어야 하며, 연구대상자는 충분한 설명에 의한 자발적 동의를 할 수 있어야 하고, 동의 능력이 없는 연구대상자는 합법적인 대리인에 게 충분히 설명하여 도의를 구해야 하며, 연구에 따른 위험이 잠재적 이익보다 크다고 판단될 때는 즉시 연구를 중단해야 한다는 등의 내용 을 담고 있다(Global Clinical Central Lab blog).

헬싱키 선언은 2024년 개정되었는데 지금까지 사용해 왔던 연구대상 자나 피험자(subjects)라는 용어 대신에 연구참여자(participants)라는 용어를 사용하여 발표하였다. 이는 연구참여자의 주체성과 권리에 대한 존중을 명시함으로써 연구에 참여하는 자를 보다 능동적인 참여자로 보고 연구에 참여하는 개인이나 팀, 조직이 모든 연구참여자를 존중하고 보호함으로써 이 선언을 준수해야 한다는 기본 원칙을 제시한 것이라 할 수 있다. 또한 개정된 헬싱키 선언에서는 어떤 개인이나 집단, 커뮤니티도 특정 상황에서 취약함을 경험할 수 있다는 점을 지적하였는데, 이는 취약성이 고정된 상태가 아니라 상황에 따라 유동적으로 변할 수 있는 개념이라는 것을 명확하게 제시한 것이라 할 수 있다. 따라서 취약한 연구대상이 연구에 참여할 때 부당하게 피해를 입을 위험이 더 크므로 특별한 보호가 필요하지만 연구에의 참여와 연구 배제의 피해를 모두 고려해서 연구자는 취약한 연구참여자에게 적절한 지원과 보호를 한 후 공정하고 책임감 있게 연구에 참여시킬 것을 제시하였다(김병수, 2025. 2. 27., pp. 25-26).

3) 『벨몬트 보고서』

『벨몬트 보고서(Belmont Report)』는 인간대상연구 시 연구대상자인 인간을 보호하기 위한 윤리원칙과 지침을 제시한 것으로 미국 정부의 터스키기 매독연구(Tuskegee Syphilis Study, 1932-1972)에서 비롯되었다. 이 연구는 앨라배마주(Alabama)의 메이컨 카운티의 터스키기 시(Macon county, Tuskegee)에 거주하는 약 600여 명의 매독 환자를 대상으로 병을 치료하지 않고 실험을 실시했다. 그 결과, 실험에 참여한 연구대상자들이 매독 합병증으로 사망하거나 감염이 되기도 하였고, 심지어 신생아가 매독으로 사망하는 등 연구대상자들에게 심각한 피해를 야기하였다.

이 사건을 계기로 인간대상실험에 대한 윤리적 자각이 일었고, 미국 의회에서는 「국가연구법(National Research Act)」(1974)을 통과시켜 1974년 '생명의학 및 행동 연구에서의 인간대상자 보호를 위한 국가위원회(National Commission for the Protection of Human Subjects of Biomedical and Behavioral Research)'를 승인하여 '인간을 대상으로 하는 연구에서의 윤리원칙과 보호지침(Ethical Principles and Guidelines for the Protection of Human Subjects of Research)을 발표하였고, 이를 1979년 『벨몬트 보고서』로 출간하였다(국가생명윤리정책원 자료실).

『벨몬트 보고서』는 가장 피해 받기 쉬운 죄수, 정신지체인, 아동 등의 사회적 약자, 즉 취약한 사람을 인체실험으로부터 보호해야 한다는 점을 특히 강조하였다. '취약한 사람(vulnerable subjects)'이란 상대적 혹은 절대적으로 자신의 이익을 보호할 수 없는 자로서 아동, 수감자, 태아와 임신부, 정신병자, 학생, 피고용자, 혼수상태의 환자, 말기 질환자, 동의할 수 있는 능력이 의심스러운 사람 등이 포함된다. 그에 따라 이 보고서에서는 연구 의도가 아무리 좋아도 연구자는 인간연구대상자로부터 충분한 설명에 의한 자발적 동의(informed consent)를 받아야 하고, 동료들의 심의를 반드시 거쳐야 한다는 점을 명시하였다. 이를 위해 『벨몬트 보고서』는 인간대상연구를 진행할 때 연구자는 세 가지 기본적인 윤리 기준, 즉 **인간 존중, 선행, 정의**를 고려하여 연구를 진행해야 한다는 점을 명시하였다.

- **인간존중(Respect for Human)**은 충분한 정보에 의한 자발적 동의(informed consent)에 초점을 둔 것으로서 연구대상자의 자율성 인정에 대한 요구와 자율성이 부족한 연구대상자에 대한 보호를 강조한다.

- **선행(Beneficence)**은 위험(risks)과 이익(benefits)에 초점을 둔 것으로서 연구대상자에게 해를 입히지 말 것과 가능한 한 이익을 극대화하고 해악을 극소화할 것을 강조한다.
- **정의(Justice)**는 연구대상자 선정에 초점을 맞춰 연구대상자에게 이익과 위험이 공정하게 분배되어야 한다는 것으로서 연구대상자의 선정과 분배의 공정성을 강조한다.

토론

1. 기관생명윤리위원회가 생겨난 배경에 대해 논하기
2. 『벨몬트 보고서』에서 제시한 세 가지 윤리 기준에 대한 예를 제시하고 그에 대해 논하기

제8장

기관생명윤리위원회

1. 연구의 이해
2. 기관생명윤리위원회의 운영

1   연구의 이해

'연구(research)'란 체계적인 방법으로 자료를 수집하여 지식을 일반화하고자 하는 것이다. 그에 따라 연구는 일반화할 수 있는 지식을 발전시키거나 그에 기여할 수 있도록 고안된 연구개발 및 시험, 평가를 포함한 체계적인 조사를 의미한다(미연방규정 45CFR46; 보건복지부, 질병관리본부, 2013. 2., p. 28, 재인용). 이를 위해 연구자는 살아 있는 사람을 대상으로 연구하거나 시신을 이용하여 연구를 진행함에 있어 연구대상자나 대리인으로부터 자발적 동의를 구해야 하며, 동료로부터 심의를 받을 필요가 있다. 이를 위해 「생명윤리 및 안전에 관한 법률」(약칭: 「생명윤리법」)에서는 연구대상자를 보호할 수 있도록 해당 기관 내에 기관생명윤리위원회(Institutional Review Board: IRB)를 설치하여 연구자의 연구계획서를 심의하도록 규정하고 있다. 기관생명윤리위원회는 해당 기관 내에서 수행하는 모든 인간대상 연구를 심의한다. 그러나 기관생명윤리위원회의 운영을 위하여 초창기 보건복지부에서는 논문게재, 특허출원, 보고서 발간 등 외부 공표를 전제로 한 연구를 우선 심의하도록 요청하였고, 외부 공표를 전제로 수행되지 않는 학·석사논문에 대해서는 대학 자율로 심의 여부를 결정하도록 제안하였다(보건복지부, 질병관리본부, 2013. 2, p. 29). 그러나 보건복지부는 박사논문인 경우 기관생명윤리위원회의 심의를 받지 않을 경우, 국내외 학술지에 게재가 어려울 수 있으므로 필수적으로 심의를 받도록 제안하였다.

2 기관생명윤리위원회의 운영

1) 기관생명윤리위원회의 이해

기관생명윤리위원회는 연구대상자의 생명윤리 및 안전을 확보하기 위하여 「생명윤리 및 안전에 관한 법률」 제10조 제1항에 따라 설치된 기관으로서 보건복지부에 등록해야 한다. 기관생명윤리위원회의 등록은 기관생명윤리위원회 관리시스템(https://review.irb.or.kr/uat/uia/egovLoginUsr.do)을 이용하여 이루어진다.

기관생명윤리위원회의 설치 대상 기관은 인간대상연구자가 소속된 교육·연구기관, 병원 등, 인체유래물연구자가 소속된 교육·연구기관, 병원 등, 배아생성의료기관, 배아연구기관, 체세포복제배아 등의 연구기관, 인체유래물은행, 배아줄기세포주 연구자가 속한 교육·연구기관, 병원

등이다. 여기서는 인간대상연구자를 위한 기관생명윤리위원회만을 다루
고자 한다.

  기관생명윤리위원회는 인간대상연구에 대한 연구계획서 또는 변경계
획서, 연구대상자의 서면동의를 얻기 위해 사용하는 방법이나 제공되는
정보를 검토하고 이를 지속적으로 확인함으로써 인간대상연구에 참여하
는 연구대상자의 권리·안전·복지를 보호하기 위해 교육·연구기관 또
는 병원 연구수행기관 등의 기관 내에 독립적으로 설치한 상설위원회이
다. 따라서 인간대상연구를 수행하는 연구자는 인간대상연구를 하기 전
에 연구계획서를 작성하여 기관생명윤리위원회의 심의를 받아야 한다
(「생명윤리법」 제15조). 국가 차원의 기관생명윤리위원회 운영 체제는 [그
림 8-1]과 같다.

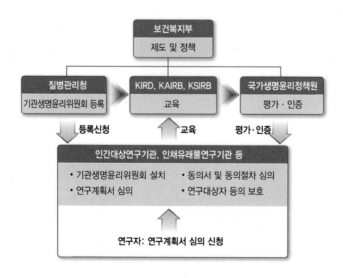

[그림 8-1] 국가 차원의 기관생명윤리위원회 운영 체제

출처: 김용우(2013. 5. 21.). 기관생명윤리위원회(IRB) 설치 및 등록, p. 3의 내용을 수정하여
  제시함.

2) 기관생명윤리위원회의 설치 목적

기관생명윤리위원회는 「생명윤리법」 제1조와 제10조에 근거하여 인간의 존엄과 가치를 침해하거나 인체에 위해(危害)를 끼치는 것을 방지함으로써 생명윤리 및 안전을 확보하고 국민의 건강과 삶의 질 향상에 이바지하고자 인간대상연구를 하려는 자에게 인간대상연구를 하기 전에 연구계획서를 작성하여 심의를 받도록 설치한 기구이다. 우리나라에서는 임상연구가 활발해지면서 식약청의 고시와 「의료기기법」 등의 제정으로 임상연구에 대한 윤리적 심의를 위해 1995년 기관생명윤리위원회를 설치하여 운영하였으며, 더 나아가 유전체 연구를 규제하고자 보건복지부는 2005년 「생명윤리 및 안전에 관한 법률」을 제정하였다. 이후 보건복지부는 2012년 2월 1일 동법을 전면개정하여 인간을 대상으로 연구하는 모든 기관에는 독립적인 상설위원회로 기관생명윤리위원회를 의무적으로 설치하도록 하였다. 기관생명윤리위원회의 설치와 등록은 해당 기관의 기관장을 책임 주체로 하여 보건복지부에 등록하도록 명문화하였다.

「생명윤리법」에서는 인간대상(human subjects)을 포함하는 모든 연구는 기관생명윤리위원회의 심의를 받도록 명문화하였다. 다만, 「생명윤리법 시행규칙」 제5조에 따라 연구자가 5명 이하이거나 3년간 기관생명윤리위원회의 심의대상 연구가 30건 이하(연평균 10건 이하)인 교육기관, 연구기관, 의료기관, 기업연구소 등은 국가생명윤리정책원에서 운영하는 공용기관생명윤리위원회를 이용할 수 있다. 2013년 2월 2일 발효되어 개정을 거듭하고 있는 「생명윤리법」에 따라 대학 등의 연구기관은 기관생명윤리위원회를 설치하여 인간대상연구를 수행하는 다양한 분야의 연구계획서를 심의하고 있다. 뿐만 아니라 보건복지부는 국가생명윤리정책원에 위탁하여 기관생명윤리위원회를 운영하는 기관에 대한 평가인증도 실시하고 있다.

[그림 8-2] 공용기관생명윤리위원회 정보포털

출처: https://irb.or.kr/MAIN.aspx에서 2024. 10. 18. 인출.

3) 기관생명윤리위원회의 구성과 운영

(1) 구성

「생명윤리법」에 따라 기관생명윤리위원회는 독립성을 유지할 수 있어야 하며, 이해관계가 있는 조직이나 위원회 등의 영향을 받지 않아야 할 뿐만 아니라, 위원들의 역량을 개발하고 유지하기 위해 지속적으로 노력해야 하며, 질 관리의 투명성을 유지해야 한다. 기관생명윤리위원회의 효과적인 운영을 위해 「생명윤리법」 제11조에는 기관생명윤리위원회의 구성 및 운영 등을 명시하고 있다.

- 5명 이상의 위원으로 구성되며, 위원에 대한 특별한 자격요건은 없으며, 위원장 1인은 위원 중 호선한다.
- 위원은 남성과 여성이 모두 포함되어야 하며, 사회적 · 윤리적 타당성을 평가할 수 있는 경험과 지식을 갖춘 사람 1명 이상과 해당 기관에 종사하지 않는 사람 1명 이상(외부 위원)이 반드시 포함되어야 한다. 외부 위원이 회의나 심의에 참석하지 않을 경우 회의나 심의가 성립되지 않으므로 외부 위원은 복수로 구성하여 운영하는 것이 효과적이다.
- 위원은 해당 분야 전문가, 생명윤리 분야 전문가, 연구경험이 풍부한 자 등이 골고루 참여할 수 있도록 한다.
- 위원은 기관장이 임명(내부) 또는 위촉(외부)할 수 있다.
- 기관장은 위원장을 겸임할 수 없고, 산학협력단장 등과 같이 연구사업의 포괄적 책임자는 위원으로 참여할 수 없다.
- 사무국을 두어 연구계획서의 접수, 회의록 작성 및 회의 진행을 위한 행정간사를 통해 행정업무를 담당하도록 한다.
- 필요한 경우, 자문위원을 위촉하여 전문가 의견을 청취할 수 있다. 그러나 자문위원은 위원회의 의결에 참여할 수 없다.

위원은 특별한 자격요건은 없지만 과학적이고 윤리적인 심의를 위해 전문성을 갖출 수 있도록 기관생명윤리위원회 관련 교육에 주기적으로 참여해야 한다. 또한 위원은 「생명윤리법」 제11조에 따라 공정한 심의를 위해 이해상충(conflict of interest: COI)이 없어야 하며, 자신의 연구과제와 관련한 심의에 참여해서는 안 된다. 이를 위해 위원은 자신의 성명, 직업 및 소속을 공표하고, 열람하는 데 동의해야 하며, 관련 업무에 관해

비밀유지의무동의서에 서명해야 한다. 이러한 기본적인 사항을 갖춘 위원은 기관생명윤리위원회에 제출된 연구계획서를 심의하여 그것의 면제 가능성, 승인 여부 등을 판단한다.

(2) 회의 운영

기관생명윤리위원회 운영 시 위원은 심의대상 과제와 관련하여 제척, 회피, 기피를 하여야 한다. 이해상충과 관련한 문제를 해결하기 위해 위원은 이해상충 공개서, 이해상충 서약서 등을 심의 전에 제출하고, 이해상충이 있는 경우에는 퇴실해야 한다(「생명윤리법」 제11조).

- **제척:** 심의와 관련된 연구·개발 또는 이용에 참여하거나 관여하고 있는 위원은 해당 심의에서 제외되어야 한다. 이를 위해 해당 위원은 기관생명윤리위원회에 제척사유를 알리고 심의에 참여하지 않는다.
- **회피:** 심의를 신청한 연구자가 본인의 연구에 대해 공정한 심의를 진행하기 어렵다고 판단한 특정 기관생명윤리위원회 위원이 있을 경우에 해당 위원을 심의에서 제외시켜 줄 것을 기관생명윤리위원회에 요구할 수 있다.
- **기피:** 위원 본인이 특정 연구과제에 대해 공정한 심의가 어렵다고 판단하는 경우, 기관생명윤리위원회에 기피 이유를 알리고 스스로 해당 심의에 참여하지 않는다.

기관생명윤리위원회는 해당 기관의 표준운영지침(Standard Operating Procedure: SOP)에 따라 정기적 혹은 임시로 회의를 진행한다.

정기회의 혹은 정규회의는 해당 기관의 표준운영지침에 따라 주기적으로 일정한 시기에 개최하는 회의로서 대개 월 1회 개최하는 것을 원칙으로 하지만 기관의 사정에 따라 격월 등으로 진행할 수 있다. 다만, 회의 개최 주기가 길면 연구자들에게 불편을 줄 수 있으므로 이점을 유념하여 회의 주기를 결정한다.

임시회의는 「생명윤리법 시행규칙」 제8조에 따라 기관의 장이 소집을 요구할 때, 기관생명윤리위원회의 재적위원 3분의 1 이상이 소집을 요구할 때, 기관생명윤리위원회 위원장이 회의가 필요하다고 인정할 때 소집할 수 있다. 위원장이 소집하는 경우는 심의 안건이 많아서 정기회의 시 한꺼번에 심의하는 것이 어렵거나 불가능하다고 판단되어 이를 분산시켜 처리하는 것이 적절하다고 판단하는 경우거나 위원에게 문제가 있어 논의가 필요한 경우 등이다(김은애, 유수정, 2021, p. 61).

회의는 대면으로 진행하는 것이 원칙이지만 위원의 회의 정족수 문제 등으로 인해 줌(Zoom) 등의 온라인이나 대면과 온라인을 병행한 하이브리드 방식으로도 진행할 수 있다. 회의 진행을 위해 기관생명윤리위원회 사무국에서는 최소한 일주일 전에 이메일, 우편, 전자결재시스템, e-IRB 시스템 등의 다양한 방법으로 위원들에게 회의 일정을 공지하고 심의 혹은 회의 관련 자료를 배포해야 한다. 회의는 재적위원 과반수의 출석과 출석위원 과반수의 찬성으로 의결한다. 특히 기관생명윤리위원회 회의는 반드시 외부위원이 1인 이상 출석해야만 진행할 수 있다는 점을 주지하여 회의 날짜를 결정해야 한다. 원활한 회의 진행을 위해 전문가 자문이 필요한 경우에는 위원들 간의 협의를 거쳐 회의 시 관계 전문가를 출석하게 하거나 문서로 의견을 수렴할 수 있지만, 관계 전문가는 의결에 참여할 수 없다.

기관생명윤리위원회 회의와 심의뿐만 아니라 위원 관련 자료 등의 모든 문서는 비밀이 보장될 수 있도록 시건장치가 잘 되어 있는 곳에 보관,

하여야 한다. 회의록은 회의 종료 후 1개월 이내에 위원들에게 회람한 후 서명을 받아 보관하여야 하고, 차기 회의에서 이를 보고하여야 한다.

4) 기관생명윤리위원회의 업무

기관생명윤리위원회는 연구계획서의 심의뿐만 아니라, 연구의 진행과 정 및 결과에 대한 조사·감독, 해당 기관의 연구자 및 종사자 교육, 취약한 연구대상자 등의 보호 대책 수립, 연구자를 위한 윤리지침 마련, 중대한 문제에 대한 심의 등과 같은 다양한 업무를 수행한다(보건복지부, 질병관리본부, 2013. 2., pp. 5-7).

(1) 연구의 심의

기관생명윤리위원회는 다음과 같은 내용을 중심으로 인간대상연구자가 심의를 신청한 연구계획서를 심의한다(「생명윤리법」 제10조 제3항).

- **연구계획서의 윤리적·과학적 타당성**: 주로 연구대상자의 인권과 복지 등과 관련한 윤리적 측면의 타당성에 초점을 두어 심의를 하되, 과학적 타당성은 연구방법의 오류, 기존 연구의 단순한 반복 등으로 연구대상자 에게 나쁜 영향을 미치는 것 등 연구대상자 보호 측면과 연관 있는 경우 에 한하여 심의한다.
- **연구대상자 등으로부터 적법한 절차에 따라 동의를 받았는지 여부**: 동의 서 서식이 적절한지의 여부, 연구대상자에게 충분한 설명이 이루어질 수 있는지의 여부, 연구대상자 모집 시 과도한 대가 지불이나 참여해서는 안 되는 경우의 참여 여부, 위력이나 권위로 연구대상자를 모집하는지 등에 대해 검토한다.

- **연구대상자 등의 안전에 관한 사항:** 위기 및 돌발 상황 발생 시 대처 계획 수립 여부에 대해 검토한다.
- **연구대상자 등의 개인정보 보호 대책:** 익명화, 암호화 등 개인정보 보호 대책 수립여부, 연구종료 후 개인정보 처리 방안, 사생활 보호 등에 대해 검토한다.
- **그밖에 기관에서의 생명윤리 및 안전에 관한 사항**

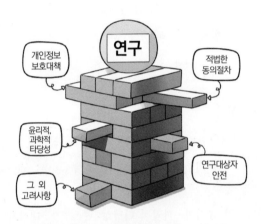

[그림 8-3] 기관생명윤리위원회 심의내용

출처: 국가생명윤리정책원(2018), p. 14.

기관생명윤리위원회는 연구계획서의 심의를 통해 연구대상자의 모집단, 연구대상자 모집·선정, 연구대상자 수, 동의서 획득과정, 수집된 연구자료의 처리 및 보관 등을 확인하여 기관생명윤리위원회에서 요구하는 것, 연구계획서의 승인·불승인, 연구활동의 중지 등의 권한이 있다. 또한 기관생명윤리위원회는 서면동의를 원칙으로 하므로 「생명윤리법」 제16조 제1항 제1호부터 제8호와 관련하여 설명문과 동의서에 포함된 내용2)을 심의한다.

(2) 연구의 진행과정 및 결과에 대한 조사 · 감독

기관생명윤리위원회는 연구의 진행과정 및 결과에 대한 조사 · 감독을 수행한다. 조사 · 감독을 수행하기 전에 기관생명윤리위원회는 연구자에게 조사 · 감독 일시, 장소, 목적, 점검자 등을 사전에 통보하고 조사결과를 위원회에 보고한다. 조사 · 감독 결과 시 승인된 연구계획서와 다르게 연구가 진행되고 있을 경우에는 재심의, 시정조치, 연구보류 등의 적절한 조치를 취하고, 생명윤리 및 안전에 중대한 위험이 있을 경우에는 연구를 중단시키는 조치를 취할 수도 있다. 특히 승인된 연구과제의 진행 중 인간대상연구 등에서 생명윤리 또는 안전에 중대한 위해가 발생하거나 발생할 우려가 있어 대학총장 등 기관장이 긴급하게 요청하는 사항이 있을 경우 이를 심의하고 그 결과를 기관장에게 보고한다. 이후 기관장은 그 결과를 보건복지부장관에게 보고해야 한다(김은애, 유수정, 2021, p. 20).

(3) 관련 교육 및 윤리지침 마련

기관생명윤리위원회는 연구자와 관련 기관 종사자 및 위원 등을 대상으로 기관의 표준운영지침이나 연구자를 위한 윤리지침을 마련하고, 이에 대한 교육과 생명윤리 관련 교육을 지속적으로 실시한다.

(4) 취약한 연구대상자를 위한 보호 대책 수립

기관생명윤리위원회는 취약한 환경에 있는 연구대상자들을 보호하기 위한 대책을 수립한다. 「생명윤리법」 제3조에는 취약한 환경에 있는 개인이나 집단에 대한 특별한 보호를 명시하고 있다. 취약한 사람은 상대적으로 혹은 절대적으로 자신의 이익을 보호할 수 없는 사람으로서 「생

---

2) 제10장의 4. 심의내용을 참고 바람.

명윤리법」에서는 동의능력이 없거나 불완전한 사람이 연구에 참여할 경우에 대리인의 서면동의를 받도록 규제하고 있고, 어떤 경우에도 대리인의 서면동의는 면제하지 않는다고 명시하고 있는데 이러한 경우를 18세 미만의 아동으로 명기하고 있다. 「약사법 시행규칙」 등에서도 취약한 환경에 있는 연구대상자3) 등을 명시하고 있다.

취약한 연구대상자에 대한 취약성은 맥락과 상황에 따라 사회적 취약성, 인지적·의사소통적 취약성, 경제적 취약성, 제도적 취약성, 의학적 취약성, 문화적 취약성 등으로 다양하다(국가생명윤리정책원, 2019, pp. 15-17).

- **사회적 취약성**: 성, 인종, 계급 등으로 차별받으며 저평가되거나 권리를 박탈당한 사회적 집단의 구성원이 연구대상자일 경우에 이들이 연구 참여 시 취약할 수 있다. 이에는 여성, 장애인, 소수 인종, 성소수자 등이 해당될 수 있다.
- **인지적·의사소통적 취약성**: 능력이나 언어장벽 등의 상황에 처한 연구대상자는 제시되는 정보를 충분히 이해하고 결정하기 어려운 경우가 발생할 수 있어 그로 인해 취약할 수 있다. 이에는 미성년자, 정신장애인, 중증치매환자, 외국인 등이 해당될 수 있다.
- **경제적 취약성**: 수입, 주거, 보건·의료와 같은 사회적 재화와 서비스 분배에 있어 불이익을 받는 연구대상자가 연구참여 시 취약할 수 있다. 이

---

3) 「약사법 시행규칙」 별표3의2 제2호 더목에서는 "취약한 환경에 있는 피험자(Vulnerable Subjects)"란 임상시험 참여와 관련한 이익에 대한 기대 또는 참여를 거부하는 경우 조직 위계 상 상급자로부터 받게 될 불이익에 대한 우려가 자발적인 참여 결정에 영향을 줄 가능성이 있는 피험자(의과대학·한의과대학·약학대학·치과대학·간호대학의 학생, 의료기관·연구소의 근무자, 제약회사의 직원, 군인 등을 말한다), 불치병에 걸린 사람, 집단시설에 수용되어 있는 사람, 실업자, 빈곤자, 응급상황에 처한 환자, 소수 인종, 부랑인, 노숙자, 난민, 미성년자 및 자유의지에 따른 동의를 할 수 없는 피험자를 말한다.

에는 노숙인, 난민, 실업자 등이 해당될 수 있다.

- **제도적 취약성**: 공식적인 위계 구조나 타인과의 권위관계에 종속되는 경우, 이와 관련된 연구대상자는 연구참여나 동의 철회에 대한 자발적인 의사결정이 어려워 취약할 수 있다. 이에는 군인, 수감자, 교수-학생, 상사-부하 등이 해당될 수 있다.
- **의학적 취약성**: 난치병, 불치병에 걸린 환자 등의 경우 만족할 만한 표준 치료가 없어 연구에 대한 과도한 희망으로 연구참여에 대해 위험과 이익을 객관적으로 평가하기 어려워 취약할 수 있다. 이에는 말기암환자, AIDS 등의 질병에 걸린 환자 등이 해당될 수 있다.
- **문화적 취약성**: 성, 인종, 계급적 불평등에 따른 심리적, 구조적 취약성, 즉 학대 피해자, 가부장적 문화 환경 내 남편-아내관계 등은 비공식적인 문화적 권위에 종속될 수 있는 관계에 놓여 있는 경우가 있어 취약할 수 있다.

취약한 연구대상자가 인간대상연구에 참여할 때는 자율성이 부족한 인간에 대한 보호를 요구한 『벨몬트 보고서』, 스스로 동의하거나 거부할 수 없는 사람과 강요나 부당한 영향을 받을 수 있는 사람은 취약하여 특별한 보호가 필요하다는 헬싱키 선언, 자유의사를 가지고 동의를 하거나 동의하기를 거부할 능력이 제한되어 있는 사람들에 대한 보호가 필요하다는 국제의학기구협회(The Council for International Organization of Medical Sciences: CIOMS) 지침(guideline) 등에 따라 보호를 받아야 한다. 그러므로 취약한 연구대상자를 대상으로 연구를 수행할 경우 인간대상 연구자는 미래 발생할 수 있는 위험을 고려하여 특정 단계별로 동의받기, 연구주제의 범위를 제한하기, 조언자를 통해 조언 구하기 등의 추가적인 보호 장치를 마련할 필요가 있다.

연구대상자가 18세 이상일 때 자발적으로 연구에 참여하여 서면동의를 할 수 있지만, 18세 미만의 아동에게는 구두나 서면으로 승낙(assent)을 받을 수도 있다. 특히 초등학교 입학 전의 아동이 연구대상인 경우에는 필수 사항인 대리인의 서면동의 외에 아동으로부터 구두로 연구에 참여한다는 승낙을 받을 수 있고, 초등학교 시기에는 대리인의 서면동의 외에 서면으로 승낙을 받을 수도 있다. 또한 18세 미만의 중학교 이상의 아동인 경우에는 대리인의 서면동의를 받아야 하지만 본인의 서면동의도 받을 수 있다.

〈표 8-1〉 18세 미만 아동에 대한 동의와 승낙

구분	서면동의(대리인)	서면동의(본인)	승낙
6세 미만	○		○(구두)
6~12세 미만	○		○(서면)
12~18세 미만	○	○	
18세 이상		○	

아동은 정보이해력, 의사소통능력, 결정표현능력 등이 불충분할 수 있어 강압과 부당압력 혹은 다른 사람들의 권위에 영향을 받기 쉽고, 사회경제적 조건으로 조정되는 경우가 많을 수 있다. 뿐만 아니라, 아동은 다른 사람에게 종속되어 있을 가능성이 있고 성인에 의해 쉽게 이용될 수 있기 때문에 연구 참여 시 취약할 수 있다. 아동을 대상으로 연구할 경우에는 연구목적이 아동의 보건상 필요사항과 관련된 지식을 얻기 위한 것이어야 하고, 부모나 법정대리인의 허락(permission)을 얻어야 하며, 아동의 능력 범위 내에서 아동의 승낙을 받아야 한다. 아동이 연구

에 참여하거나 계속 참여하기를 거부할 경우 아동의 의견이 존중되어야 한다. 기관생명윤리위원회가 승인할 수 있는 아동연구는 아동에게 최소 위험을 초과하지 않고, 아동에게 최소 위험을 초과하는 개입 행위 또는 시술이 수반되는 연구지만 아동 당사자에게 직접적 이익의 가능성이 있거나 복지에 기여할 수 있는 연구여야 한다. 이와 관련하여 아동을 연구대상으로 하는 연구계획서를 심의할 경우, 기관생명윤리위원회에서는 아동에 대한 이해가 충분하고, 아동과 관련한 경험과 지식이 있는 위원이 심의하도록 하며, 연구목적과 연구환경 및 아동 대상의 연구가 가지는 특수한 문제에 대해 충분히 숙지하여 심의해야 한다.

5) 기관생명윤리위원회의 기본 원칙

기관생명윤리위원회는 연구대상자의 자율성과 복지 및 안전, 사생활 보호 등을 위해 「생명윤리법」 제3조에서 제시하고 있는 기본 원칙에 입각하여 운영해야 한다.

- 인간의 존엄과 가치를 침해하는 방식으로 연구를 수행해서는 안 된다.
- 연구대상자등의 인권과 복지를 우선적으로 고려해야 한다.
- 연구대상자등의 자율성을 존중해야 한다.
- 연구대상자등의 자발적 동의는 충분한 정보에 근거해야 한다.
- 연구대상자등의 사생활을 보호해 주어야 한다.
- 사생활을 침해할 수 있는 개인정보는 당사자가 동의하거나 법률에 특별한 규정이 있는 경우를 제외하고는 비밀로 보호되어야 한다.
- 연구대상자등의 안전은 충분히 고려해야 하며, 위험은 최소화해야 한다.
- 취약한 환경에 있는 개인이나 집단을 특별히 보호해야 한다.

- 생명윤리와 안전을 확보하기 위하여 필요한 국제 협력을 모색하여야 하고, 보편적인 국제기준을 수용하기 위하여 노력해야 한다.

인간대상연구자는 연구대상자에게 미치는 위험(risk)과 이익(benefit)을 고려하여 최대한 연구대상자에게 이익이 될 수 있도록 노력해야 한다. '위험'은 연구참여로 인해 연구대상자에게 미치는 건강, 심리, 복지, 사회적인 측면의 부정적 결과이고, '이익'은 연구참여로 얻게 될 건강, 심리, 복지, 사회적 측면의 긍정적 결과이다(국가생명윤리정책원, 2018, p. 27).

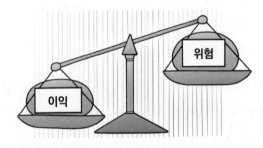

[그림 8-4] 이익과 위험관계

출처: 국가생명윤리정책원(2019), p. 26.

6) 기관생명윤리위원회의 인간대상연구

심의대상인 인간대상연구는 「생명윤리법」 제2조 제1호와 「생명윤리법 시행규칙」 제2조에 따라 연구(research)에 해당하면서 인간 또는 인체유래물을 대상으로 다음 어느 하나에 해당하는 연구를 말한다. 여기서 '연구대상자'란 인간대상연구의 대상이 되는 사람을 말한다.

- **사람을 대상으로 물리적으로 개입하는 연구:** 연구대상자를 직접 조작하거나 연구대상자의 환경을 조작하여 자료를 얻는 연구

- **의사소통, 대인 접촉 등의 상호작용을 통해 수행하는 연구:** 대면을 통한 설문조사, 연구대상자의 행동관찰 등으로 자료를 얻는 연구

〈표 8-2〉 인간대상연구의 「생명윤리법」 적용 예시

연구	연구내용	연구대상	생명윤리법 적용 여부
휴대폰 전자파 수치 실험	다양한 휴대폰의 전자파 수치를 비교한 실험	휴대폰	미적용
휴대폰 전자파가 미치는 영향 실험(동물실험)	흰 쥐를 대상으로 휴대폰 전자파가 흰 쥐에 미치는 영향을 분석하여 인체에 미치는 영향을 추론	동물(흰 쥐)	미적용
휴대폰 전자파가 인체에 미치는 영향 실험	연구대상자를 모집하여 휴대폰 전자파가 인체에 미치는 영향 분석	인간 (연구대상자)	적용
휴대폰 전자파가 인체에 미치는 영향 연구	휴대폰 전자파가 인체에 미치는 영향에 대한 기존 임상 실험결과를 토대로 한 2차 연구	인간 (개인정보, 임상정보 등)	적용
휴대폰 전자파 수치에 따른 소비자 선호도 조사	대인접촉 등을 통해 수행하나 연구방법을 사용하지 않는 단순 마케팅 조사	인간 (소비자)	미적용
휴대폰 전자파에 대한 국민 인식도 조사 연구	불특정 다수에 대해 대인접촉, 설문조사 등을 통해 연구방법을 활용하여 일반화된 지식 도출	인간 (불특정 국민)	적용
소득계층별 휴대폰 사용실태와 그에 따른 전자파 수치에 관한 연구	모집단을 선정하여 설문조사, 대인접촉 등을 통해 사용실태를 분석하고, 분석결과를 기 연구된 휴대폰별 전자파 수치와 비교하는 연구	인간 (소득계층별 모집단)	적용
휴대폰 전자파에 장기간 노출된 흰 쥐의 유전자 변형 여부 연구	흰 쥐를 휴대폰 전자파에 장기간 노출시킨 후 유전자 변형이 발생하는지를 분석하는 연구	동물 (흰 쥐 유전자)	미적용
휴대폰 전자파에 장기간 노출된 근로자의 유전자 변형 여부 연구	휴대폰 전자파에 장기간 노출된 근로자(연구대상자)를 선정, 직접 혈액 등을 채취하여 유전자를 분석하는 연구	인체유래물 (인간 유전자)	적용

출처: 보건복지부, 국가생명윤리정책원(2022), p. 40; 보건복지부, 질병관리본부(2013. 2.), pp. 28-29.

- **개인을 식별할 수 있는 정보를 이용하는 연구**: 연구자가 연구대상자를 직 · 간접적으로 식별할 수 있는 정보를 이용하는 연구

한편, 「생명윤리법 시행규칙」 제2조 제2항에 따라 심의면제가 가능한 인간대상연구는 인간대상연구지만 심의를 받아 연구를 진행하는 것이 현실적으로 어려운 경우로서 이는 인간대상연구에 포함되지 않는다. 다만, 이에 대한 심의와 관련하여 국가나 지방자치단체, 해당 교육기관의 장에 의한 공식적인 판단이 필요하다.

- 국가나 지방자치단체가 공공복리나 서비스 프로그램을 검토 · 평가하기 위해 직접 또는 위탁하여 수행하는 연구
- 「초 · 중등교육법」 제2조 및 「고등교육법」 제2조에 따른 학교와 보건복지부장관이 정하여 고시하는 교육기관에서 통상적인 교육실무와 관련하여 하는 연구

토론

1. 각자의 전공분야에서 인간대상연구를 수행할 때의 주의점에 대해 논하기
2. 의사소통, 대인 접촉 등의 상호작용을 통해 연구를 수행할 때 연구자가 사용할 연구방법에서 연구대상자 보호를 위한 노력 방안에 대해 논하기

제9장

「생명윤리 및 안전에 관한 법률」의 이해

1990년대 임상연구가 활발해지면서 임상연구에 대한 윤리적 심의를 실시하고자 임상에서는 식약청의 고시, 의료기기 관련법 등의 제정으로 1995년부터 기관생명윤리위원회를 설치하여 운영하였다. 이후 보건복지부는 2005년 「생명윤리 및 안전에 관한 법률(약칭: 생명윤리법)」을 제정하여 유전체 연구를 규제하고, 2012년 2월 1일 인간대상(human subjects)을 포함하는 모든 연구로 이 법을 확대하여 적용할 수 있도록 동법을 개정하였다. 이 법은 2013년 2월 2일부터 발효되었으며, 법에 따라 관련 기관에 기관생명윤리위원회의 설치가 의무화되었다. 이후 인간대상연구를 실시하는 대학 등의 기관이나 연구기관 등은 기관생명윤리위원회를 설치하여 사회행동과학연구에 대한 심의를 실시하게 되었고, 보건복지부는 2021년부터 기관생명윤리위원회에 대한 평가인증을 실시하고 있다.

「생명윤리법」은 인간과 인체유래물 등을 연구하거나, 배아나 유전자 등을 취급할 때 인간의 존엄과 가치를 침해하거나 인체에 위해(危害)를 끼치는 것을 방지함으로써 생명윤리 및 안전을 확보하고 국민의 건강과 삶의 질 향상에 이바지함을 목적으로 한다(제1조). 그에 따라 동법에서는 '인간대상연구'의 유형을 제시하였고(제2조), 인간대상연구를 심의하기 위한 기관으로서 '기관생명윤리위원회(기관위원회, IRB)'를 설치하여 보건복지부에 등록하도록 명시함으로써(제10조) 대학 등의 기관에서 연구대상자의 권리와 안전 및 복지를 보장하기 위한 노력을 경주하도록 명시하였다.

인간대상연구자는 연구를 실시하기 전 연구계획서를 기관생명윤리위원회에 제출하여 심의를 받아야 한다(「생명윤리법」 제15조 제1항). 기관생명윤리위원회에 심의를 신청하기 위해서는 해당 기관에서 제시한 방식의 연구계획서, 설명문과 동의서가 필수적으로 준비되어야 한다. 「생명윤리법」에 의하면 인간대상연구를 수행하는 연구자는 연구계획서를 작성하여 심의를 받아야 하지만, 연구대상자 및 공공에 미치는 위험이 미미한 경우로서 국가위원회의 심의를 거쳐 보건복지부령으로 정한 기준에 맞는 연구는 기관생명윤리위원회의 심의를 면제할 수 있다(제15조 제2항). '보건복지부령으로 정한 기준에 맞는 연구'는 일반 대중에게 공개된 정보를 이용하는 연구 또는 개인식별정보를 수집·기록하지 않는 연구이다(「생명윤리법 시행규칙」 제13조). 그럼에도 취약한 환경에 있는 연구대상자를 대상으로 하는 연구는 기관생명윤리위원회의 심의를 받아야 한다.

인간대상연구자는 연구를 시작하기 전에 연구대상자에게 충분한 정보를 주고 설명함으로써 서면동의를 받아야 하지만(「생명윤리법」제16조 제1항), 동의 능력이 없거나 불완전한 사람으로서 보건복지부령으로 정하는 연구대상자가 참여하는 연구의 경우에는 대리인의 서면동의를 받아야 한다. 대리인은 법정대리인을 우선순위로 하고, 법정대리인이 없는 경우 배우자, 직계존속, 직계비속의 순으로 하되, 직계존속 또는 직계비속이 여러 사람일 경우 협의하여 정하고, 협의가 되지 않으면 연장자가 대리인이 된다. 이 경우 대리인의 동의는 연구대상자의 의사에 어긋나서는 안 된다(「생명윤리법」제16조 제2항). 한편, 연구대상자의 동의를 받는 것이 연구 진행과정에서 현실적으로 불가능하거나 연구의 타당성에 심각한 영향을 미친다고 판단되거나, 연구대상자의 동의 거부를 추정할 만한 사유가 없고, 동의를 면제하여도 연구대상자에게 미치는 위험이 극히 낮은 경우에는 기관생명윤리위원회의 승인을 받아 연구대상자의 서면동의를 면제할 수 있다(「생명윤리법」제16조 제3항). 그럼에도 불구하고 대리인의 서면동의는 면제하지 않는다.

인간대상연구자가 연구대상자로부터 받은 개인정보를 제3자에게 제공할 수 있다는 것에 대해 서면동의를 받은 경우에는 기관생명윤리위원회의 심의를 거쳐 개인정보를 익명화하여 제3자에게 제공할 수 있다. 다만, 연구대상자가 개인식별정보를 포함하는 것에 동의한 경우에는 익명화하지 않고 제공할 수 있다(「생명윤리법」제18조). 또한 인간대상연구자가 수집한 연구대상자의 개인정보는 연구가 종료된 시점부터 3년간 보관하여야 한다(「생명윤리법 시행령」제15조 제2항). 보관기간이 지난 문서 중 개인정보에 관한 사항은 파기하여야 하지만, 후속 연구, 기록 축적 등을 위해 보관이 필요한 경우에는 기관생명윤리위원회의 심의를 거쳐 보관기간을 연장할 수 있다(「생명윤리법 시행령」 제15조 제3항, 「개인정보 보호법 시행령」 제16조).

토론

1. 인간대상연구 수행 시 「생명윤리법」과 「개인정보 보호법」에서의 민감정보 범위와 이를 취급하는 방법에 대해 논하기
2. 인간대상연구 수행 시 취약한 연구대상자를 대상으로 할 때 고려해야 할 사항에 대해 논하기

제10장

심의

1 심의절차

기관생명윤리위원회(IRB)는 표준운영지침(SOP)에 근거하여 정해진 심의절차에 따라 심의를 진행한다. 연구자가 심의신청서와 함께 연구계획서, 설명문과 동의서, 생명윤리교육이수증 등 관련 서류를 작성하여 기관생명윤리위원회 사무국에 심의신청을 하면 행정간사가 이를 검토하여 접수를 완료한다. 이후 위원장이나 전문간사는 해당 과제에 적합한 위원에게 책임 심의를 의뢰한 후 정규심의 혹은 신속심의 시 신청한 자료에 대해 심의를 진행한다.

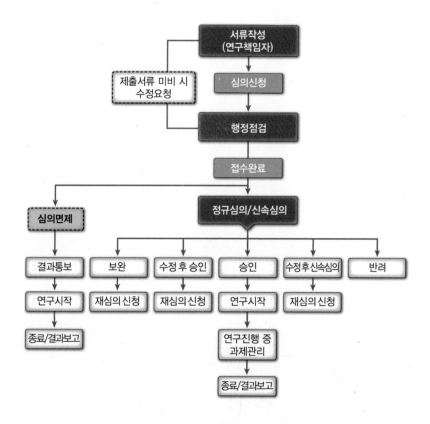

[그림 10-1] 공용기관생명윤리위원회의 심의 흐름도

출처: 국가생명윤리정책원(2018), p. 18.

연구자는 연구수행 전에 기관생명윤리위원회의 승인을 받아 연구를 수행해야 하며, 연구를 진행하는 동안 변경사항이 발생하거나 지속적인 검토가 필요한 경우에는 변경심의 혹은 지속심의를 신청하여 승인받아야 한다. 이후 연구가 종료된 후에는 종료보고와 결과보고를 해야 한다.

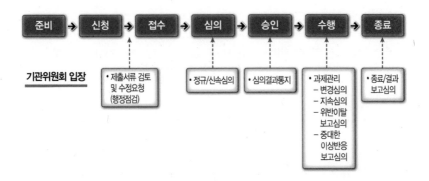

준비 → 신청 → 접수 → 심의 → 승인 → 수행 → 종료

기관위원회 입장

- 제출서류 검토 및 수정요청 (행정점검)
- 정규/신속심의
- 심의결과통지
- 과제관리
  - 변경심의
  - 지속심의
  - 위반이탈 보고심의
  - 중대한 이상반응 보고심의
- 종료/결과 보고심의

[그림 10-2] 공용기관생명윤리위원회의 심의 흐름도

출처: 국가생명윤리정책원(2018), p. 23.

2 심의원칙

　기관생명윤리위원회는 인간대상연구의 연구계획서가 윤리적으로 문제가 없는지, 연구대상자의 권리와 안전 및 복지를 위해 연구자가 이들의 권익을 보호하고 있는지 등에 대해 심의한다. 이를 위해 전체 연구계획서를 심의하고(full protocol review), 연구대상자가 위험한 상황에 처하거나 사생활 노출 등의 위험 여부에 대해 확인한다. 다만, 출구조사나 여론조사 등 단순한 설문조사인 경우, 시장 조사, 제품 만족도 조사 등과 같은 기업 활동과 관련된 조사 등과 같이 일반화된 지식으로 체계화할 필요가 없는 조사는 심의대상에 해당하지 않는다.

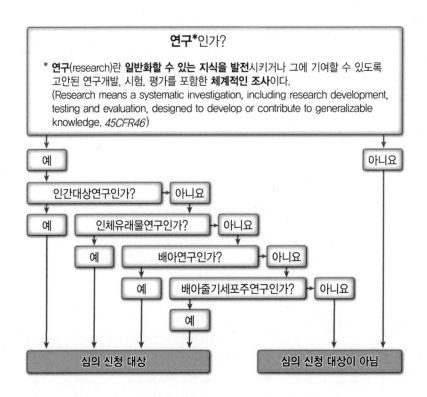

연구*인가?

* **연구**(research)란 **일반화할 수 있는 지식을 발전**시키거나 그에 기여할 수 있도록
고안된 연구개발, 시험, 평가를 포함한 **체계적인 조사**이다.
(Research means a systematic investigation, including research development,
testing and evaluation, designed to develop or contribute to generalizable
knowledge. *45CFR46*)

예 → 인간대상연구인가? → 아니요
예 → 인체유래물연구인가? → 아니요
예 → 배아연구인가? → 아니요
예 → 배아줄기세포주연구인가? → 아니요
예

아니요

심의 신청 대상

심의 신청 대상이 아님

[그림 10-3] 기관생명윤리위원회 심의신청 대상 판단 흐름도

출처: 김용우(2013. 5. 21.), p. 22.

1) 심의신청 서류

인간대상연구는 기관생명윤리위원회의 심의신청 대상이므로 연구자는
「생명윤리법」 제15조 제1항에 근거하여 연구가 실시되기 전 연구계획서
를 기관생명윤리위원회 사무국에 제출하여 심의를 받아야 한다. 또한
승인 받은 연구계획서를 변경해야 할 경우가 발생한다면 변경된 내용으
로 연구가 진행되기 전에 이를 기관생명윤리위원회에 알리고 변경심의
를 받아야 한다. 뿐만 아니라, **"IRB의 승인 유효기간은 1년"**이므로 1년

을 초과하는 연구인 경우에는 연구기간에 따라 최소 연 1회 이상의 지속
심의(continued review)를 받아야 하므로 그와 관련한 서류도 제출해야
한다. 연구자는 해당 기관의 표준운영지침에 제시된 심의신청 양식에
따라 다음과 같은 관련 서류를 기관생명윤리위원회에 제출해야 한다.

- 심의신청서(신규신청서, 수정 요청서 등 포함)
- 연구계획서(설문지, 연구관련 각종 기록지, 연구계약서 등 연구수행과 관련된
  문서, 연구대상자에게 동의서를 받는 과정 등을 설명하는 내용, 연구대상자의 익
  명성과 사생활을 안전하게 보장한다는 근거가 되는 내용, 수집한 자료를 안전하
  게 관리한다는 내용 등 포함)
- 설명문과 동의서(동의면제 시 사유서), 승낙서(해당 시)
- 연구대상자 모집관련 문건 사본 각 1부(해당 시)
- 연구 수행과 관련된 문서로서 기관위원회가 정한 서류: 연구비 지원을
  받거나 신청한 서류, 각 연구자의 이해 갈등 관련 서류, 모든 연구자의
  생명윤리교육 이수증 등
- 지속심의 관련 심의신청서(해당 시) 등

<참고 1> 기관생명윤리위원회 심의신청서 예시

기관생명윤리위원회 심의신청서

과제번호				
연구과제명	국문			
	영문			

연구진	성 명	소 속	직 위	연락처
연구 책임자				
연구자1				
연구자2	(필요 시 행 추가)			

연구기간	(. . .)부터 (. . .)까지 (년 개월)		
연구종류	단독연구 ( )	다기관 연구: ( )기관	다국가 연구: ( )국
연구대상자 수	( ) 명		

취약한 환경의 연구대상자 여부	1. 임산부 □ 2. 인지능력 결여 성인 □ 3. 연구기관, 연구책임자의 피고용인 □ 4. 소속 기관의 피고용인 또는 학생 □ 5. 시설에 수용된 자 □	6. 아동 □ 7. 장애인 □ 8. 사회적 소수자 □ 9. 기타 (기술하세요) 10. 해당 없음 □
연구의 형태	1. 연구대상자에 대한 채혈, X-선 투시, 투약, 처치 등 물리적 개입이 있는 연구 　　예 □ / 아니요 □ 2. 연구대상자의 개인식별정보의 이용 여부 　　예 □ / 아니요 □ 3. 연구대상자 모집을 위한 광고, 전단(인터넷, 전자메일 등) 사용 여부 　　예 □ / 아니요 □	

동의 취득	서면동의 ( ) 동의서 첨부	동의면제 ( ) 사유기재	
신청일자	. . .	연구책임자	(서명)
접수일자	. . .	접수자 확인	(인)

제출서류 목록	1. 연구계획서 1부 2. 설명문과 동의서 1부(해당 시) 3. 연구대상자 모집 공고문(해당 시) 4. 생명윤리교육이수증(모든 연구자) 5. 기타 연구관련 문서

출처: KAIRB(2012. 12), 사회행동과학연구 기관생명윤리위원회 기본운영지침서.

2) 연구계획서 포함 내용

연구자는 해당 기관의 표준운영지침에 명시된 심의신청 서류를 갖추어 기관생명윤리위원회에 심의신청서와 함께 연구계획서를 제출해야 한다. 연구계획서에는 연구대상자가 참여하게 될 연구에 대해 기관생명윤리위원회의 심의 시 위원들이 충분히 이해할 수 있도록 다음과 같은 내용이 포함되어야 한다.

- 연구제목과 연구진
- 연구목적과 배경
- 연구방법: 연구기간, 연구대상의 모집 절차와 방법, 연구의 구체적 절차와 방법, 수집된 자료의 분석 및 평가 방법
- 연구대상자의 선정 기준
- 연구대상자에게 예상되는 위험과 이득
- 연구참여에 따른 손실에 대한 보상: 보상이 주어진다면 금액 명시, 교통비, 일당 등이 주어진다면 금액 명시 권장
- 개인정보보호: 서명된 동의서, 개인식별정보 및 개인정보가 포함된 설문 내용의 보관에 대한 사항
- 연구대상자의 동의 획득 절차와 방법 및 동의 철회에 관한 사항: 동의 철회는 언제나 가능하다는 것과 동의 철회 후 이를 어떻게 처리하는지 등을 설명하는 내용
- 모집 문건
- 참고문헌

연구계획서에는 설명문과 동의서가 반드시 포함되어야 하는데 이는 중학생 수준에서 이해할 수 있을 정도로 가독성이 있고, 이해하기 쉽게

작성되어야 한다. 동의서는 연구의 특성에 맞게 연구자가 자유롭게 작성하여 사용할 수 있다. 또한 연구대상자를 모집하여 연구할 경우에는 모집문건을 작성해야 하는데 이에는 연구제목, 연구책임자의 소속 및 직위, 연구목적, 연구절차와 방법, 연구대상자의 연구참여 기간 및 소요시간, 모집하려는 연구대상자 수와 선정기준, 연구의 이익과 위험, 연락처 등이 포함되어야 한다. 특히 모집 문건에서는 연구대상자를 경제적으로 유인하여 모집하는 내용이 포함되어서는 안 된다. 특히 경제적 측면이 강한 다양한 구인·구직 사이트(알바몬, 당근마켓 등)에 연구대상자 모집 문건을 공지해서는 안 된다.

연구대상자의 개인정보 노출 및 사생활 침해는 연구대상자에게 신체적, 정신적, 사회적 불이익과 위험을 줄 수 있으므로 연구자는 연구대상자의 개인정보와 관련하여 사생활 보호 등을 위해 노력해야 한다(국가생명윤리정책원, 2019, p. 31). '개인정보'는 개인식별정보, 유전정보 또는 건강에 관한 정보 등 개인에 관한 정보이다. '개인식별정보'는 연구대상자와 인체유래물의 기증자의 성명, 주민등록번호 등 개인을 식별할 수 있는 정보를 말한다. '민감정보'는 사상·신념·노동조합, 정당의 가입·탈퇴, 정치적 견해, 건강, 성생활 등에 관한 정보, 그 밖에 정보주체의 사생활을 현저히 침해할 우려가 있는 개인정보이다.

3 심의유형

인간대상연구에 대해 기관생명윤리위원회는 전체 연구계획서를 통해 연구자가 인간대상의 권리와 안전 및 복지를 보호하고 있는지에 대해 심의한다. 이를 위해 대학 등 해당 연구기관의 기관생명윤리위원회는 표준운영지침을 만들고 그에 따라 기관생명윤리위원회를 운영해야 한다. 해당 연구기관의 표준운영지침은 필요에 따라 수시로 변경하여 사용할 수 있다. 일반적으로 표준운영지침에 따라 운영되는 기관생명윤리위원회 심의는 정규(기)심의, 신속심의, 심의면제가 있다.

1) 정규심의

기관생명윤리위원회는 정규심의 혹은 정식(기)심의(full board review)를 하는 것이 원칙이며, 이는 정족수가 충족된 회의에서 인간대상연구자가 신청한 연구계획서에 대해 심의하는 것이다. 정규심의는 기관생명윤리위원회가 별도로 정하지 않는 한 모든 연구계획서를 심의한다. 대부분의 정규심의는 정기회의에서 이루어지지만 때로 임시회의에서도 이루어질 수 있다(김은애, 유수정, 2021, p. 81).

정규심의에서는 기관생명윤리위원회 위원들 중 책임심의위원으로 배정된 위원이 과제를 검토하고, 정규심의 시 위원들 간 토론을 거쳐 심의 결과를 판정한다. 정규심의는 외부위원 1인 이상이 참석해야만 하고, 재적위원 과반수의 참석과 참석 위원의 다수결 방식으로 심의 결과를 결정한다.

정규심의의 결정은 승인, 조건부 승인(수정 후 승인, 시정승인, 수정 후 신속심의), 수정 후 재심의(보완, 보완 후 재심의, 수정 후 정규심의), 부결(보류), 반려, 중지(일시중지), 조기종료, 승인 취소 등이 가능하며, 월 1회 개최하는 것을 원칙으로 한다.

- **승인(approval):** 연구자에게 심의한 연구계획서에 따라 연구를 진행하도록 허락하는 것이다.

- **조건부 승인(conditional approval):** 심의한 연구계획서의 수정이 필요하여 수정된 것을 한 번 더 확인한 후 승인이 되면 연구자에게 연구를 진행할 수 있도록 허락하는 것이다. 사소한 행정적 보완도 있지만 때로 수정한 사항에 대해 신속심의를 통해 수정을 확인할 수도 있다. 신속심의 시 확인 내용이 충분하지 않을 경우에는 정규심의로 회부된다.

- **수정 후 재심의(modification required to its approval):** 연구계획서의 상당 부분이 수정이나 보완을 통해 해결될 수 있다고 판단하여 정규심의에서 한 번 더 논의하는 것이다.

- **부결(disapproval):** 현재 심의하여 결정하는 것이 적절하지 않아 추후 논의나 전문가의 자문 등을 통해 논의한 후 승인 여부를 판단하고자 결정을 미루는 것이다.

- **반려(reject):** 연구계획서의 내용이 윤리적, 과학적 타당성을 입증하기에 어려움이 있어 연구를 수행하기에 무리가 있다고 결정하여 연구자에게 연구계획서를 돌려보내는 것이다. 반려된 연구계획서는 다음 심의에서도 심의하지 않는다.

- **중지:** 승인된 연구계획서에 따라 연구를 수행하는 중 중대한 위험이 발생하거나 승인된 연구계획서대로 연구가 진행되지 않아 연구를 일시 중지시키는 것이다. 이후 해당 문제가 해결되면 연구는 다시 수행할 수 있다.

- **조기종료:** 승인된 연구계획서대로 연구가 진행되지 않거나 중대한 위험이 발생한 경우에 연구를 승인된 종료일 이전에 강제로 종료시키는 것이다. 조기종료된 연구는 다시 진행할 수 없다.

- **승인취소:** 승인된 연구계획서대로 연구가 진행되지 않거나 중대한 위험이 발생한 경우에 연구의 승인을 취소하는 것이다.

〈참고 2〉 연구계획서에 대한 심의의견서 예시

심의의견서

□ 신규심의   □ 재심의

과제관리번호	
연구과제명	(국문)
	(영문)
연구책임자	소속 : 성명 :
심의 종류	□ 정규심의 □ 신속심의
위험(risk)	□ Level Ⅰ(최소위험) □ Level Ⅱ(최소위험에서 약간 증가) □ Level Ⅲ(중등도 위험) □ Level Ⅳ(고위험)
모니터링주기	□ 2개월 □ 3개월 □ 4개월 □ 6개월 □ 해당 없음
심의의견	□ 승인 □ 조건부 승인 □ 수정 후 재심의 □ 반려 □ 부결 〈수정사항〉 〈권고사항〉

년   월   일

위원: _____(인)

신규과제 심의점검표

기본정보			
과제관리번호			
연구과제명			
연구책임자	소속 :		성명 :
심의 종류	□ 정규심의 □ 신속심의		

	연구계획서			
	평가 항목	예	아니요	해당 없음
1	연구 목적과 배경이 기술되어 있는가?	□	□	□
2	연구의 필요성이 기술되어 있는가?	□	□	□
3	선행연구 등의 자료가 제공되어 있는가?	□	□	□
4	연구참여 시 연구대상자가 수행할 활동 내용이 구체적으로 충분히 기술되어 있는가?	□	□	□
5	연구대상자로부터 얻고자 하는 정보가 구체적이고 정당한가?	□	□	□
6	연구대상자로부터 얻는 자료의 수집, 기록, 이용, 보관 및 폐기 등에 관한 사항이 구체적으로 기록되어 있는가?	□	□	□
7	연구대상자의 개인정보 보호와 관련하여 자료의 보안대책 마련이 적절한가?	□	□	□
8	연구책임자가 해당 연구를 수행하기에 충분한 자격을 갖추었는가?	□	□	□
9	연구대상자와 그 수가 적절한가?	□	□	□
10	연구대상자의 선정 및 제외기준이 적절한가?	□	□	□
11	취약한 연구대상자의 보호대책이 적절한가?	□	□	□
12	연구대상자에게 발생할 수 있는 위험과 이익이 고려되어 있는가?	□	□	□
13	연구참여 철회 및 중지에 대한 자율성이 보장되어 있는가?	□	□	□
14	연구참여 시 보상이 주어질 경우, 그 수준은 적절한가?	□	□	□

설명문 및 동의서			
평가 항목	예	아니요	해당 없음
1 연구목적이 구체적으로 기술되어 있는가?	☐	☐	☐
2 연구방법 및 절차가 구체적으로 기술되어 있는가?	☐	☐	☐
3 연구대상자가 수행해야 하는 내용이 기술되어 있는가?	☐	☐	☐
4 연구대상자의 참여기간이 명확하게 제시되어 있는가?	☐	☐	☐
5 참여하는 연구대상자 수가 제시되어 있는가?	☐	☐	☐
6 연구참여로 인해 발생할 수 있는 위험과 이익이 기술되어 있는가?	☐	☐	☐
7 연구대상자에 관한 정보의 수집, 기록, 이용, 보관, 폐기 방법 및 절차가 기술되어 있는가?	☐	☐	☐
8 연구대상자로부터 얻은 정보를 제3자에게 제공할 수 있다는 내용이 적시되어 있는가?	☐	☐	☐
9 연구대상자에게 보상이 제공된다면 그 수준이 적절한가?	☐	☐	☐
10 연구참여가 자발적이라는 사실이 기술되어 있는가?	☐	☐	☐
11 연구대상자가 아무런 불이익 없이 연구 참여를 철회 또는 중지할 수 있다는 내용이 기술되어 있는가?	☐	☐	☐
12 연구대상자가 참여를 중지 또는 철회할 경우 연구대상자의 자료 및 정보에 대한 처리방법이 기술되어 있는가?	☐	☐	☐
13 연구의 수행과 자료의 신뢰성을 검증하기 위해 모니터링 요원, 점검자, 기관생명윤리위원회 및 정부 관련자 등이 관련 규정이 정하는 범위 안에서 연구대상자의 자료 등을 열람할 수 있다는 사실이 기술되어 있는가?	☐	☐	☐
14 연구대상자가 연구에 대해 문의할 수 있는 연구자의 이름과 연락처가 기술되어 있는가?	☐	☐	☐
15 연구대상자가 문의할 수 있는 기관생명윤리위원회 사무국 연락처가 제시되어 있는가?	☐	☐	☐
16 설명문 및 동의서가 전체적으로 이해하기 쉽게 기술되어 있는가?	☐	☐	☐

2) 신속심의

(1) 효용성

신속심의(expedited review)는 「생명윤리법」에서 정하고 있는 사항은 아니나, 기관생명윤리위원회의 기준과 절차에 따라 간단한 확인이 필요한 사항 또는 심의면제에 준하는 사항을 심의할 때 수행하는 절차이다(보건복지부, 국가생명윤리정책원, 2023, p. 17). 연구대상자의 권리와 복지를 보호하기 위해 모든 연구계획서에 대해 정규심의를 받을 필요는 없으므로 신속심의는 연구자에게도 심의의 효율성을 나타내 주는 측면에서 활용하는 심의 방식이다. 신속심의를 적절하게 활용하면 정규심의의 기관생명윤리위원회의 업무를 줄이는 데 도움이 되고, 심의 소요시간을 이상적으로 줄일 수 있다.

신속심의는 신청서를 접수하는 마감 시한이 따로 정해져 있지 않고, 보통 접수 후 일주일 내에 심의한다. 신속심의를 위해서는 위원장이나 전문간사를 포함하여 이들이 위촉하는 2인 이상의 위원으로 구성한다. 신속심의는 심의 위원이 최소한 6개월 이상의 기관생명윤리위원회 심의 경험이 있고, 생명윤리 관련 위원 교육 이수 시간이 충분한 경우 등 심의에 대한 충분한 경험과 지식이 있는 경우에 가능하다. 신속심의 및 신속심의 위원에 대한 기준은 표준운영지침에 마련되어 있어야 한다. 또한 신속심의 과제 중 승인된 과제나 연구계획서의 미준수 과제에 대한 신속심의는 심의의 효율성을 위해 정규심의 시 심의했던 위원이 하는 것이 효율적이다. 승인된 연구의 사소한 변경을 위한 변경심의나 다년 과제에 대한 지속심의 등도 신속심의로 이루어질 수 있다.

(2) 심의대상

신속심의는 연구대상자에게 예상되는 위험이 최소 위험 수준 이하인 경우에 심의할 수 있다. 최소 위험 수준은 연구참여의 결과로 발생할 수 있는 신체적, 심리적, 사회적, 경제적, 법적 위험의 가능성을 정상적이고 건강한 사람의 일상적 삶에 비추어 상대적으로 결정해야 한다. 예를 들어, 100m 달리기가 정상인에게는 심장에 미치는 영향이 최소 위험 수준이지만 노인이나 심장에 문제가 있는 사람에게는 최소 위험 수준 이상일 수 있다.

- 연구계획서의 사소한 변경인 경우(예: 모집공고 문구의 변경, 연구조원의 변경, 모니터링 일정 변경 등)
- 심의면제 연구로 심의 신청된 경우
- 연구대상자의 자율성을 보장할 수 있고 위험이 없거나 미미한 경우
- 진행 중인 연구에 대한 지속적 검토인 경우
- 신규심의에서 조건부 승인 받은 연구에 대한 재심의인 경우
- '중대한 이상 반응' 심의인 경우(인지한 날로부터 10일 이내에 기관생명윤리위원회에 보고)
- 연구대상자에서 긴급한 위험 요소의 제거가 필요한 상황이 발생하여 원래 연구계획서와 다르게 연구를 해야만 하는 변경심의의 경우
- 행정적 변경 사항 등과 같은 사소한 변경을 위한 변경심의, 종료보고, 결과보고인 경우
- 본조사 시작 전 단계에서 비연구 목적으로 자료를 수집하는 경우
- 기관생명윤리위원회가 별도로 정한 신속심의 범주에 해당하는 경우 등

진행 중인 연구에 대한 지속적인 검토를 위해 기관생명윤리위원회는 해당 연구에 대해 지속심의를 실시하는데 이는 신속심의로 진행할 수 있다. 지속심의는 기관생명윤리위원회가 연구의 위험과 이익을 지속적으로 확인하여 연구대상자의 권리와 복지를 보호하고자 하는 것이다. 따라서 연구자는 승인 유효기간이 1년이므로 승인 유효기간이 만료되기 전에 해당 기관의 표준운영지침에 따라 연구기간 연장을 위해 기관생명윤리위원회에 지속심의를 신청하고 연구대상자 모집현황, 연구단계 등을 보고해야 한다(국가생명윤리정책원, 2018, p. 36).

연구수행 중 연구대상자에게 '중대한 이상반응'이 발생하는 경우에도 기관생명윤리위원회에 보고하여 심의를 받아야 한다. 또한 연구자는 승인받은 연구계획서에 따라 연구를 진행할 수 없는 경우에도 기관생명윤리위원회에 '연구계획 위반·이탈 보고'를 하여 심의를 받아야 한다. 뿐만 아니라, 연구자는 연구가 종료된 후에는 종료 및 결과에 대한 사항을 기관생명윤리위원회에 보고해야 한다. 결과보고서는 논문, 학술대회 발표자료 등으로 대체할 수 있다(국가생명윤리정책원, 2018, pp. 36-37).

대학 등의 연구기관에서는 상당수의 연구계획서가 신속심의로 이루어질 수 있는데 다음의 사항 중 최소 하나라도 연구대상인 경우라면 신속심의는 불가하다.

- 연구대상이 취약계층인 경우: 아동(영유아, 신생아 포함), 신체적 또는 정신적 장애인, 교도소 등 시설기관 수감자, 임산부 및 태아, 소속기관의 학생이나 피고용인(연구원 포함), 심각한 수준의 환자(예: 말기 환자, 혼수상태 환자 등), 경제적/교육적 취약계층, 소수민족 등
- 약물남용과 같은 불법적 행위를 이용한 연구 등

(3) 심의 결과

신속심의 결정은 '승인' '수정 후 승인' 혹은 '시정승인'만 가능하며 부결할 수 없다. 부결에 해당하는 경우라면 정규심의에서 심의해야 한다. 심의 시 2인의 심의 결과가 불일치한다면, 요구 수준이 더 높은 심의 결과를 최종 결과로 결정한다. 즉, 2인의 결과가 '승인'과 '수정 후 승인'인 경우에는 '수정 후 승인'으로 결정한다. 신속심의에서 승인된 연구계획서는 전체 기관생명윤리위원회 위원에게 통지하여 최종 승인을 받아야 한다. 이는 2인의 심의위원에 의해 결정된 승인 건에 대해 다른 위원들이 질문과 의문을 표시할 수 있다는 것을 의미한다.

3) 심의면제

심의면제(exemption)는 연구자가 결정하는 것이 아니라 기관생명윤리위원회에서 확인하는 것이므로 그에 관한 사항은 해당 기관의 표준운영지침과 기관생명윤리위원회가 별도로 정하는 바에 따른다. 그럼에도 불구하고 「생명윤리법」 제15조와 「생명윤리법 시행규칙」 제13조에는 연구대상자 및 공공에 미치는 위험이 미미한 경우 국가위원회의 심의를 거쳐 보건복지부령으로 정한 기준에 맞는 연구라면 기관생명윤리위원회의 심의를 면제할 수 있도록 그 내용을 제시하고 있다. 단, 그러한 연구라 할지라도 취약한 환경에 있는 연구대상자를 대상으로 연구할 경우에는 어떤 경우에도 심의를 면제할 수 없다.

- 연구대상자를 직접 조작하거나 그 환경을 조작하는 연구 중 다음 중 어느 하나에 해당하는 연구
  - 약물 투여, 혈액채취 등 침습적(侵襲的) 행위를 하지 않는 연구

- 신체적 변화가 따르지 않는 단순 접촉 측정 장비 또는 관찰 장비만을 사용하는 연구
- 판매 등이 허용되는 식품 또는 식품첨가물을 이용하여 맛이나 질을 평가하는 연구(「식품위생법 시행규칙」 제3조)
- 안전기준에 맞는 화장품을 이용하여 사용감 또는 만족도 등을 조사하는 연구(「화장품법」 제8조)

- 일반 대중에게 공개된 정보나 연구대상자 등에 대한 기존의 자료나 문서를 이용하는 연구
- 개인식별정보를 수집 · 기록하지 않는 연구
- 연구대상자 등을 직접 대면하더라도 연구대상자 등이 특정되지 않고 「개인정보 보호법」 제23조에 따른 민감정보[4]를 수집하거나 기록하지 않는 연구
- 연구로 인해 연구대상자에게 미치는 신체적, 심리적 피해가 통상적 수준이고, 공공에 미치는 영향이 미미한 경우
- 공공의 이익이나 공공 서비스 프로그램 연구

---

4) 「개인정보 보호법」 제23조와 「개인정보 보호법 시행령」 제18조에서의 민감정보란 사상 · 신념, 노동조합 · 정당의 가입 · 탈퇴, 정치적 견해, 건강, 성생활 등에 관한 정보, 그 밖에 정보주체의 사생활을 현저히 침해할 우려가 있는 개인정보와 유전자검사 등의 결과로 얻어진 유전정보, 범죄경력자료에 해당하는 정보, 개인의 신체적, 생리적, 행동적 특징에 관한 정보로서 특정 개인을 알아볼 목적으로 일정한 기술적 수단을 통해 생성한 정보, 인종이나 민족에 관한 정보를 말한다(보건복지부, 국가생명윤리정책원, 2022, p. 47; 보건복지부, 질병관리본부, 2013. 2, p. 32).

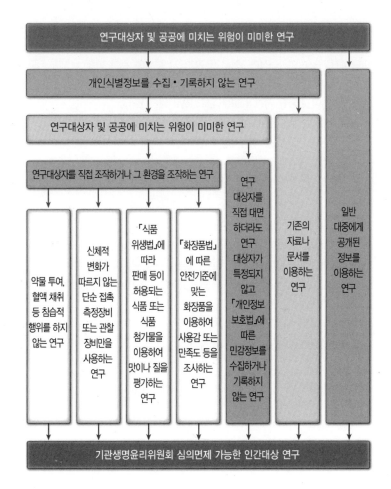

[그림 10-4] 심의면제 가능 여부 확인 흐름도

출처: 최경석 외(2023), p. 37.

<참고 4> 해외 법률 또는 국제지침에서의 심의면제

1. 미국 45CFR46(인간대상연구에서 연구대상자 보호에 관한 법률)
   - 지식의 일반화를 도모하지 않는 연구
   - 신원확인이 가능한 사적 정보를 담고 있지 않는 연구
   - 교육 목적의 제반 연구, 설문·면접 및 공공행위 관찰 연구
   - 기존에 수집된 자료를 이용하는 연구
   - 공공서비스 평가를 위한 연구
   - 안전성이 관할청에서 승인된 식품을 이용하는 연구

2. 국제의학기구협회(CIOMS) 가이드라인
   - "원칙적으로 긴급한 치료를 필요로 하고" "임상시험용 치료법의 잠재적 유효성에 대한 증거가 있고" "효과가 동등하거나 월등하다고 알려진 다른 치료법이 없는 경우"를 모두 충족하는 경우에는 기관생명윤리위원회의 승인 또는 허가를 받기 전에 수행 가능
   - 이 경우, 의사는 일주일 이내에 반드시 해당 사례의 세부사항과 취해진 처치 등을 기관생명윤리위원회에 보고하도록 규정

3. 스웨덴(인간대상연구에 대한 윤리적 심의에 관한 법률)
   - 대면조사, 개인정보 이용 연구에 대해 기관생명윤리위원회의 승인을 면제하는 경우는 없음

출처: 보건복지부, 질병관리본부(2013. 2.), p. 33.

4   심의내용

인간대상연구를 심의함에 있어 기관생명윤리위원회에서는 「생명윤리법」 제10조 제3항에 근거하여 연구자가 심의신청한 연구계획서를 심의

한 후 판정하여 그 결과를 연구자에게 서면으로 통보한다. 심의내용은 '제8장 2. 기관생명윤리위원회의 운영 중 4) 기관생명윤리위원회의 업무'를 참조하기 바란다.

심의와 관련한 사항은 전적으로 해당 기관생명윤리위원회의 권한이므로 연구자는 기관의 표준운영지침에 맞춰 연구계획서를 작성해야 한다. 또한 연구계획서에는 동의면제가 아니라면 반드시 동의서 서식을 첨부해야 한다(보건복지부, 질병관리본부, 2013. 2., p. 31).

동의서는 일반인이 이해하기 쉬운 용어로 작성되어야 하고 반드시 자필 서명을 받아야 한다. 전자문서 형태로 동의서를 받는 경우에는 전자펜 등을 활용하여 자필서명을 받을 수도 있다. 뿐만 아니라, 팬데믹 이후 온라인 연구가 활성화되면서 '동의문서화면제' 혹은 '동의서면화면제'에 의한 연구가 많아져서 서면동의서 형태를 갖추지는 않았어도 연구대상자의 연구참여에 대한 동의가 충분히 드러날 수 있는 다양한 방법으로 동의를 받는 경우가 증가하고 있다. 어떤 경우로든 연구자는 반드시 연구대상자로부터 연구참여에 대한 동의를 받아야 한다. 그에 따라 동의서에 포함되어야만 하는 항목들이 「생명윤리법」 제16조 제1항 제1호~제8호에 명시되어 있다.

1. 인간대상연구의 목적
2. 연구대상자의 참여기간, 절차 및 방법
3. 연구대상자에게 예상되는 위험 및 이득
4. 개인정보보호에 관한 사항
5. 연구참여에 따른 손실에 대한 보상
6. 개인정보 제공에 관한 사항

7. 동의 철회에 관한 사항

8. 그 밖에 기관위원회가 필요하다고 인정하는 사항

연구수행 시 연구대상자 선정 및 제외기준은 연구특성에 맞게 연구대상자의 특성, 위험과 이익을 고려하여 적절하게 결정해야 한다. 이를 위해 연구자는 연구대상자의 이해능력과 의사결정능력을 고려하여 연구대상자가 연구에 자발적으로 참여할 수 있도록 연구내용에 대해 충분한 정보를 주고 동의할 수 있도록 해야 한다. 최근 연구대상자 모집 시 알바몬 등의 구인사이트를 이용하는 경우가 있는데 이는 연구대상자를 유혹할 수 있는 상황을 발생시킬 수 있어 이용하지 않도록 한다.

연구자가 연구를 통해 수집한 연구대상자의 개인정보를 제3자에게 제공하려면 기관생명윤리위원회의 심의를 받아야 하고, 제3자에게 제공시에는 익명화하여 무상으로 제공해야 한다(최경석 외, 2023, p. 22). 또한 연구자가 연구대상자로부터 정보공개를 청구받는 경우에 특별한 사유가 없다면 이를 공개해야 한다. 연구자가 연구대상자의 청구를 받으면 공개해야 하는 정보는 연구심의 등 기관생명윤리위원회 승인 사항, 연구수행 및 동의 사항, 연구대상자의 개인정보 수집·이용·제공에 관한 사항, 해당 연구결과 등에 대한 사항이다(최경석 외, 2023, p. 22).

기관생명윤리위원회는 인간대상연구의 심의와 관련된 모든 절차와 결정사항을 서면(전자서명 포함)으로 보관해야 한다. 또한 연구자도 인간대상연구와 관련한 사항(전자문서 포함)을 기록하고 보관해야 하며(「생명윤리법」 제19조), 그 기록은 연구가 종료된 시점부터 3년간 보관해야 하고(「생명윤리법 시행규칙」 제15조 제2항), 보관기간이 지난 문서 중 개인정보에 관한 사항은 「개인정보 보호법 시행령」 제16조에 따라 파기해야 한다. 이러한 내용은 「생명윤리법 시행규칙」 제15조에 다음과 같이 명시하고 있다.

- 연구계획서 및 해당 연구를 심의한 기관생명윤리위원회의 심의 결과 (변경되었을 경우에는 변경된 연구계획서와 심의 결과를 포함한다)
- 연구대상자로부터 받은 서면동의서 또는 기관생명윤리위원회의 서면동의 면제 승인서
- 개인정보의 수집 · 이용 및 제공 현황
- 연구결과물 등이 포함된 연구 종료보고서 및 연구의 진행과정과 결과에 대한 기관위원회의 조사 · 감독 결과

연구자는 연구가 종료된 후 3년이 경과한 자료 중 후속 연구, 기록 축적 등을 위해 더 오래 보관해야 하는 자료가 있을 경우에는 기관생명윤리위원회의 심의를 거쳐 보관기간을 연장할 수 있다(「생명윤리법 시행규칙」 제15조 제3항).

1. 일반적인 교육 방법 등으로 교육환경 내에서 이루어지는 인간대상연구의 심의 기준에 대해 논하기
2. 신원 확인이 불가능한 교육목적의 테스트, 설문조사, 인터뷰, 관찰연구인 경우의 심의 방법에 대해 논하기

제11장

설명문과 동의서

1. 심의 시 설명문과 동의서 확인사항
2. 설명문과 동의서 포함 내용
3. 서면동의 면제

연구대상자는 자기결정에 필요한 충분하고 진정한 정보를 제공받아야 하고, 연구자는 연구목적이나 내용과 관련하여 연구대상자를 속여서는 안 된다. 이를 위해 연구자는 연구대상자가 가능한 한 충분한 자발성을 확보할 수 있도록 해 주어야 하며, 모든 연구에 자발적으로 참여할 수 있도록 해야 한다. 또한 연구자는 연구를 시작하기 전에 연구대상자로부터 자율성에 기반한 서면동의를 받아야 한다. 연구대상자는 자기결정권을 가진 주체로서 다른 사회적 관계로부터 독립되어 있음을 존중받아야 하고, 연구참여에 대한 자기결정에 어떠한 장애나 압력을 받아서도 안 된다. 뿐만 아니라, 연구대상자가 여러 형태의 실험에 참여하게 된다면 다수의 실험 중 선택할 수 있어야 하고, 선택할 수 있는 연구 중 특정한 연구에 참여하도록 강제되어서도 안 된다. 연구자는 연구대상자에게 최소 위험 수준 이하의 내용을 제공해야 하고, 연구대상자가 중간에 참여를 그만두더라도 어떤 불이익을 주어서도 안 되며, 취약한 환경에 있는 연구대상자는 특별히 보호되어야 한다. 이는 인간대상연구를 하기 전에 연구자는 연구대상자로부터 서면동의를 받아야 한다는 「생명윤리법」 제16조 제1항의 내용과 연구대상자의 자율성은 존중되어야 하며, 연구대상자의 자발적 동의는 충분한 정보에 근거하여야 한다는 「생명윤리법」 제3조 제2항에 의한 것이기도 하다. 따라서 연구자가 개인의 자율성을 존중하여 동의서(informed consent)를 받는 것은 연구대상자 보호의 기본원칙이다.

1 심의 시 설명문과 동의서 확인사항

인간대상연구는 연구내용과 방법 등이 다양하여 연구의 자율성을 보장하기 위해 연구자가 연구특성에 맞게 설명문과 동의서를 작성하여 사용할 수 있다. 따라서 기관생명윤리위원회 심의 시 위원들은 동의서상의 설명문 내용이 연구대상에게 미치는 영향을 세심하게 확인해야 한다. 기관생명윤리위원회 위원이 심의 시 연구계획서의 설명문과 동의서를 검토하면서 확인해야 할 내용은 다음과 같다.

- 연구목적, 연구내용, 연구방법 등의 제반 연구절차 및 내용에 대한 정보를 연구대상자에게 충분히 제공하는지 확인한다. 그리하여 연구수행으로 인한 연구대상자의 스트레스, 불편함 및 그 밖의 해악의 가능성을 최소화하였는지에 대해 확인한다.

- 연구참여 시 나타날 수 있는 예상 위험과 이득, 신체적, 심리적, 사회적, 법적, 경제적 위험이 있는지의 여부, 보상이 있다면 그 수준이나 금액 등이 적절한지에 대해 확인한다.

- 속임수 연구인 경우, 속임수가 꼭 필요한 것인지, 필요하다면 과학적, 윤리적으로 정당화되고 연구 참여 후 완전한 설명을 제공하는지 속임수에 대한 대안들을 강구했는지에 대해 확인한다.

- 연구대상자의 사생활을 존중하였는지를 확인한다. 이와 관련하여 개인정보보호에 관한 사항, 연구결과 발표 시 개인정보보호 여부, 설문연구의 경우 설문지 보관기간, 동의서와 설문지의 코드화 등을 명시하였는지에 대해 확인한다.

- 연구자료의 비밀성이 유지될 수 있도록 계획되었는지를 확인한다. 즉, 개인정보제공에 관한 사항, 설문연구의 경우 설문내용을 다른 연구자에게 제공하는지의 여부 등을 확인한다.

- 부당한 영향력을 행사할 수 있는 요소들에 대한 안전장치들이 제대로 갖춰져 있는지, 즉 언제든 동의 철회가 가능한지, 연구대상자가 자발적으로 참여하는지, 연구대상자에게 부당한 압력이 있거나 부당한 영향을 미치는지에 대해 확인한다.

- 취약한 연구대상자를 대상으로 연구할 경우에 충분한 안전장치를 제공하는지에 대해 확인한다.

- 설명문과 동의서가 이해하기 쉽게 작성되었는지 확인한다. 연구자는 연구대상자에게 연구에 대해 설명하고, 동의를 획득하는 과정에서 제공한 정보의 중요 사항을 이해하였는지에 대해 확인한다.

- 연구대상자가 외국인인 경우에는 동의서와 설명문은 가능한 한 연구대상자의 모국어로 작성하여 제공하는 것이 바람직하므로 연구대상자가 사용하는 모국어를 통해 연구에 대해 설명한 후 동의를 획득하는지에 대해

확인한다. 필요하다면 통역자가 동의 획득과정에 참여할 수도 있고, 글을 읽을 수 없는 경우에는 공정한 입회자가 동의과정에 참여할 수도 있으므로 이를 확인한다(국가생명윤리정책원, 2018, p. 34).

- 동의 시 궁금한 사항에 대해 질문할 수 있도록 연구자와 기관생명윤리위원회 사무국 연락처를 제시하는지에 대해 확인한다.

2 설명문과 동의서 포함 내용

연구대상자가 연구참여에 대해 서명하기 전 확인해야 할 내용이 설명문과 동의서에 충분히 제시될 수 있도록 설명문은 자세하고 이해하기 쉽게 작성되어야 한다. 이를 위해 연구자가 설명문에 반드시 포함시켜야 할 내용은 다음과 같다.

- 연구제목
- 연구배경 및 목적과 필요성
- 연구방법: 연구대상자 참여 기간, 연구대상자 수 및 산출근거, 연구대상자 선정 및 제외 기준, 연구도구(내용, 관찰항목, 질문지 등), 자료 수집 방법(연구 진행 장소 및 방법, 동의 획득 방법), 자료 분석 방법(획득한 자료의 분석 방법, 통계기법 등)
- 연구대상자에게 예상되는 이익과 위험 혹은 문제 발생 가능성 및 문제 발생 시의 대처 방법, 보상, 개인정보 제공
- 연구참여의 중지와 동의 철회 가능성 및 연락 방법
- 기대효과
- 향후 진행 방향

- 자료의 보안 및 보관, 익명화 처리 방법
- 개인정보보호에 관한 대책 등

〈참고 5〉 미국 연방규정 · 식약청 규정상 동의서 포함 내용

1. 동의서 필수 포함 요건

① 치료가 아닌 연구라는 기술

② 연구목적에 대한 설명

③ 연구대상자의 연구참여 예상 기간

④ 준수 절차에 대한 설명

⑤ 실험적인 시술이 있다는 사실에 대한 확인

⑥ 예측 가능한 위험 또는 연구대상자의 불편에 관한 기술

⑦ 연구로 인해 합리적으로 예상되는 연구대상자 또는 제3자의 이점에 대한 기술

⑧ 연구대상자에게 도움이 될 가능성이 있는 적절한 다른 치료법에 대한 기술

⑨ 연구대상자의 신원을 파악할 수 있는 기록은 비밀로 보장되며 (해당된다면) 식약청이 기록을 조사할 수 있다는 설명

⑩ 최소한의 위험 이상의 연구에서 손상이 발생한 경우 연구대상자에게 보상이나 치료가 주어지는지의 여부, 치료가 주어질 경우에 어떤 치료가 가능하며 어디서 정보를 구할 수 있는지에 대한 기술

⑪ 임상시험과 연구대상자의 권익에 관한 추가적인 정보를 얻고자 하거나 연구와 관련이 있는 손상이 발생할 경우에 접촉해야 하는 사람

⑫ 연구대상자의 연구참여 결정은 자발적인 것이며, 연구대상자가 원래 받을 수 있는 이익에 대한 손실이 없이도 연구참여를 거부하거나 연구 중 언제라도 (이익 손실 없이) 참여를 포기할 수 있다는 사실

2. 추가적으로 제공할 수 있는 정보

① 특정 치료 또는 시술로 인해 연구대상자 또는 (임신했거나 임신할 가능성이 있을 때) 배아/태아에게 현재로서는 예측할 수 없는 위험이 포함될 수 있다는 사실

② 연구대상자의 연구참여가 연구대상자의 동의 없이도 중지될 수 있는 경우와 해당 사유

③ 연구참여로 인해 연구대상자가 추가로 부담해야 하는 비용

④ 연구참여 중단 결정 시, 연구대상자의 향후 치료 방향 및 연구대상자가 연구참여를 종결할 수 있는 일목요연한 절차

⑤ 연구대상자의 지속 참여 의지에 영향을 줄 수 있는 새로운 정보가 수집되면 즉시 연구대상자에게 알려질 것이라는 사실

⑥ 연구에 포함된 대략의 연구대상자의 수

⑦ 치료와 위약에 각각 무작위로 배정될 수 있다는 사실

⑧ 기관생명윤리위원회가 연방규정 등에서 요구하는 정보뿐만 아니라, 연구대상자의 안녕과 권리 보호를 위해 필요하다고 판단한 경우 추가적인 정보를 요구할 수 있다는 사실

출처: 보건복지부, 질병관리본부(2013. 2.), p. 36.

3 서면동의 면제

「생명윤리법」제16조에 따라 연구자는 연구대상자의 동의를 받는 것이 연구진행과정에서 현실적으로 불가능하거나 연구의 타당성에 심각한 영향을 미친다고 판단하는 경우, 연구대상자의 동의 거부를 추정할 만한 사유가 없고, 동의를 면제하여도 연구대상자에게 미치는 위험이 극히 낮은 경우에는 기관생명윤리위원회의 승인을 받아 연구대상자의 서면동의를 면제할 수 있다. 이 경우, 서면동의 면제 여부는 위원회의 판단과 결정에 따라야 하고, 구두동의는 허용되지 않는다. 그러나 취약한 연구대상자를 대상으로 연구하는 경우에는 어떤 경우에도 대리인의 서면동의는 면제하지 않으며, 서면동의를 받기 전에 동의권자에게 충분히 설명해야 한다.

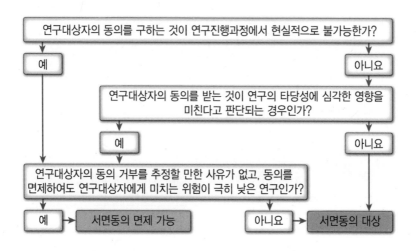

[그림 11-1] 서면동의 면제 대상 판단 흐름도

출처: 김용우(2013. 5. 21.), p. 26.

〈참고 6〉 서면동의 면제 자가점검과 서면동의 면제 사유서 예시

서면동의 면제 자가점검

※ 다음 내용에 모두 '예' 표시가 가능하면 서면동의를 면제할 수 있습니다.

	평가 항목	예	아니요
1	「아동복지법」 제3조에 따른 아동(18세 미만인 사람)이 포함되지 않은 연구입니까?	☐	☐
2	연구대상자의 동의를 받는 것이 연구진행 과정에서 현실적으로 불가능하거나 연구결과의 타당성에 심각한 영향을 미치는 연구입니까?	☐	☐
3	연구대상자의 동의거부를 추정할 만한 사유가 없고 동의를 면제하여도 연구대상자에게 미치는 위험이 극히 낮은 연구입니까?	☐	☐

서면동의 면제 사유서

기본정보				
연구과제명				
연구책임자	성 명	소 속	직 위	전공 분야

면제 사유
다음에 해당하는 사항에 표시하고 자세한 사유를 쓰시오(중복표기 가능).

☐ 연구대상자의 동의를 받는 것이 연구진행과정에서 현실적으로 불가능하다.

[사유]

☐ 연구대상자의 동의를 받는 것이 연구결과의 타당성에 심각한 영향을 미친다.

[사유]

☐ 연구대상자의 동의거부를 추정할 만한 사유가 없고, 동의를 면제하여도 연구대상자에게 미치는 위험이 극히 낮은 연구이다.

[사유]

본인은 상기 내용이 수행하고자 하는 연구과제와 일치함을 확인하며 본 연구과제에 대한 서면동의 면제 확인을 요청합니다.

※ 첨부서류: 서면동의 면제 자가점검표

년   월   일

연구책임자: _____(인)

참고문헌

국가생명윤리정책원(2018). 연구자를 위한 윤리지침. 서울: 국가생명윤리정책원.

국가생명윤리정책원(2019). 취약한 연구대상자 보호지침. 서울: 국가생명윤리정책원.

김병수(2025. 2. 27.). 임상시험의 윤리적 수행을 위한 최신 개정 동향 및 국내 적용 방안. 2025년 질병관리청 기관생명윤리위원회 정기총회 및 역량강화대회, pp. 8-33.

김용우(2013. 5. 21.). 기관생명윤리위원회(IRB) 설치 및 등록. KAIRB 교육자료.

김은애, 유수정(2021). IRB Institutional Review Board 기관생명윤리위원회 업무매뉴얼. 오창: 국가과학기술인력개발원.

보건복지부, 국가생명윤리정책원(2022). 생명윤리법 관련 기관 운영지침 기관생명윤리위원회 관리 안내. 보건복지부, 국가생명윤리정책원.

보건복지부, 국가생명윤리정책원(2023). 기관생명윤리위원회 정보포털 FAQ 모음집. 보건복지부, 국가생명윤리정책원.

보건복지부, 질병관리본부(2013. 2.). 생명윤리. 대전: 보건복지부.

최경석, 김은애, 유수정, 김덕언, 장원경, 정덕유(2023). 인문사회분야 연구자를 위한 IRB 연구윤리 가이드라인. 대전: 한국연구재단.

KAIRB(2012. 12.). 사회행동과학연구 기관생명윤리위원회 기본운영지침서. 서울: KAIRB.

국가생명윤리정책원 자료실. 뉘른베르크 강령. https://nibp.kr/xe/info4_5/4780에서 2024. 10. 25. 인출.

국가생명윤리정책원 자료실: 벨몬트 보고서: 인간 피험자 보호를 위한 윤리 공용기관생명윤리위원회 정보포털(https://irb.or.kr/MAIN.aspx)

Global Clinical Central Lab blog. 헬싱키 선언(Declaration of Helsinki). https://m.blog.naver.com/gclcstudy/222687690052에서 2024. 11. 10. 인출.

「개인정보 보호법」 [법률 제19234호]

「개인정보 보호법 시행령」[대통령령 제34309호]

「생명윤리 및 안전에 관한 법률」[법률 제20327호]

「생명윤리 및 안전에 관한 법률 시행규칙」[보건복지부령 제1048호]

「식품위생법 시행규칙」[총리령 제2008호]

「약사법 시행규칙」[보건복지부령 제1065호]

「화장품법」[법률 제20767호]

미연방규정 45CFR46

찾아보기

저자 소개

조성연(Cho Songyon)
연세대학교 가정대학 아동학과 졸업
연세대학교 대학원 아동학과 석사학위 취득
연세대학교 대학원 아동학과 박사학위 취득(Ph.D.)

〈주요 경력〉

전 광주대학교 유아교육과 전임강사
　영국 에든버러대학교(University of Edinburgh) 객원교수
　한국대학기관생명윤리위원회협회(KSIRB) 부회장 겸 교육위원장
　국가과학기술인력개발원(KIRD) 연구윤리와 IRB 교수요원

현 호서대학교 유아교육과 교수
　국가생명윤리정책원 기관생명윤리위원회 현장평가위원 및 평가단장
　육아정책연구소 IRB 위원장
　질병관리청 IRB 외부위원 등 다수 기관의 IRB 외부위원
　한국직업능력연구원 외 다수 기관 연구윤리 위원

〈주요 저서〉

『보육교사론』(공저, 파워북, 2023)
『보육실습』(공저, 신정, 2022)
『행복한 부모-자녀관계를 위한 예비부모교육』(학지사, 2021)
『부모교육』(공저, 신정, 2018)
『영유아발달』(공저, 신정, 2018)
『가족관계론』(공저, 신정, 2017)
『학술논문작성과 출판』(공저, 학지사, 2007)

연구윤리와 IRB의 이해
Research Ethics and Institutional Review Board(IRB)

2024년 12월 25일 1판 1쇄 인쇄
2024년 12월 31일 1판 1쇄 발행

지은이 • 조성연
펴낸이 • 김진환
펴낸곳 • (주) **학 지사**

　　　　　04031 서울특별시 마포구 양화로 15길 20 마인드월드빌딩
대표전화 • 02)330-5114　　팩스 • 02)324-2345
등록번호 • 제313-2023-000041호

홈페이지 • http://www.hakjisa.co.kr
인스타그램 • https://www.instagram.com/hakjisabook

ISBN 978-89-997-3367-3　93370

정가 15,000원

출판미디어기업 학 지사

간호보건의학출판 **학지사메디컬** www.hakjisamd.co.kr
심리검사연구소 **인싸이트** www.inpsyt.co.kr
학술논문서비스 **뉴논문** www.newnonmun.com
교육연수원 **카운피아** www.counpia.com
대학교재전자책플랫폼 **캠퍼스북** www.campusbook.co.kr